ホンマでっか?

仏事の誤解

－ナニワ和尚の葬式問答－

中村 カンギョウ

株式会社ジャスト・プランニング

目次

開白《かいびゃく》の章

清貧なる拙僧が、スーパー銭湯へ行こうと思うて、出かけようとしたまさにその時、固定電話がチリチリチンとなりましたのや。

また何かの宣伝ちゃうか？　と思うて電話に出たら、檀家のおばちゃんからやった。

きょうは土曜日やから、早よ風呂屋へ行っとかんと、ガキどもが湯船をプールがわりにしよるさかい、と思うて慌てて出ようとしてた矢先やったから、どうしてもぶっきらぼうな返答になるわいな。「なんですねん？」と言うと、おばちゃんことヨシはんが、

「けさ早うに、おじいさんが死によりましたのや」

と言うではないか、ナニ！　死んだ！

それを聞かば、反射的に拙僧の頭の中では、レジスターがチャリンと音を立てる。電卓のディスプレイの数字がめまぐるしく動く。「まいど！」とばかりに。

「和尚はん、今からすぐ枕経に来てほしおまんねん」とヨシのおばちゃんが、のたまうではありませんか。

エッ、なんやて、今から拙僧は、スーパー銭湯やし――。

すべては、ここから始まった。


早よ風呂へ行っとかんと、ガキどもは風呂中（ふろなか）で小便しよるし、じじいはタイルの上で寝よるし、じゃがしかし、そう言うても営業の方も大事やし、なんせウチは倒産寸前の零細企業やし。

拙僧にとっては、まさしく我が人生における最大の葛藤。

しかしよくよく考えてみまするに、死んだ人の所へすぐに行かんでも、死んだ人は、これから先もずっと死んではるのやし、もし行きそびれて、その人がそのうち生き返りでもして、「あ、もう葬式ケッコウですわ」なんてこと、三十年ほど住職してて、多分今まで一回もなかったことやと思いますし。

そうして結論を伝えた。

「ヨシはん、そのうちに行きまっさかい」

それを聞いたおばちゃん、

「なんでえなぁ、すぐに来て枕経あげてもらわんと、おじいさん成仏でけへんやないの！」

と、まくしたてるではありませんか。

まぁ、ちょっと待ちいな、オバハンいやヨシはん。

そうか、無理もない、拙僧は今日まで仏の道のホンマのことを教えず、営業ばっかりしとったから。

よし、ここはひとつ、仏道のプロフェッショナルであるところの拙僧が、人の死というものについてだな、その本質に迫り、人の死を弔うところの本来的な在り方を、親切丁寧にご説明申し上げましょうぞ。ひいてはそれが、無理のない、それでいて満足な先祖供養ができ、さらには周囲の連中の精神生活における良きアドバイザーとして常に一座の中心に据えられること間違いなく——アンタの潤いある人生に寄与すること、疑いの余地はないのであります。

と、ここまでは意念はすれど口には出さず、彼《か》のおばちゃんには、

「そう慌てることはありまへんのや、ワシかて、まずはじっくりと、おじいさんの生前のお姿をあれこれ偲びましてやなぁ、なんと言うか、その供養を致すモチベーションを高めましてのち、心の準備を整えまして、万全の態勢でもって、お

じいさんの枕経に臨みたいと考えておりますんで、これでよし！　となったらそちらに向かいますんで――」と。

それを聞いたか聞かぬか、このおばちゃん、

「そんなこと、どうでもよろしいやん。早よう来てえな、和尚はん、お風呂あとでもよろしいやん」


じつは拙僧は、大変潔癖症なのである。だが、あのおばちゃんに土俵際で、うっちゃりをかまされていては、どうもいかん。

かくして今、かねてより懸念致しておりましたとおり、如何に循環してるとはいえ、浮遊物がプカプカしてそうな湯船の中に身を委ねておりますのや。

そのくつろぎタイムに浸っております拙僧に、何か知らんけど、やわらしのび寄ってくる怪しげな影。

かつて大釈迦牟尼が悟りを開かんとしたその時に、傍ら（かたわ）から、あまたの誘惑をしかけてきたあの悪魔、マーラ――男性のシンボルの別名マラの語源となった邪神ですわ。

まぁなんでもええわ、と思い、今現在《こんげんざい》の極楽気分に浸っておったら、その何物

かが拙僧の耳許《もと》でそっとささやきかけよった。

「アンタ、潔癖症なんやろ。そんならもっと坊主としても潔癖に生きんとアカンのとちゃうの？」

なんやこいつ、大阪弁の悪魔かいな。

「さっきアンタ、死者の所へ行ったんやろ、死んだ爺さんを弔うて来はったんやろ、大真面目な顔して」

当たり前やがな。あんな所へ、えべっさんみたいな顔して行けまっかいな！

「顔はどうでもええけど、アンタのやってることは、ちゃうやろ！」

なんやわけの分からん、その姿の見えぬ輩《やから》の言うことにゃ――。

ワシの国、天竺、一説には別名インドとも言うねんけど（インドって、大阪弁やったんかいな）、そこで仏教を開かれた、我が大聖お釈迦はんは、人としての悟りの道を説かれたのではありますまいか、人々があらゆる煩悩から解き放たれる為には、八つの正しい生き方を示され、それに精進することによって解脱の境地へと導かれる、そのことをあまねく教示されたのが、今日でいうところの仏教ではありますまいか。アンタも坊主の端くれなら（ほっといてんか）、それぐらいのことは重々承知のはず。しかるに今、アンタは何ゆえに死者を弔うことにかこつけて、さらになんや怪しげな神秘的な振付けみたいなことして、善良な一般市民の眼をはぐらかし、またその心を惑わしその挙げ句、多大な金銭をまき上げ、暴利を貪る夜叉と化したわな。それが坊主としての本分であろうかい？　それはちゃうやろ、何が仏道のプロフェッショナルや。ま、アンタだけを責められへんけどな、坊主やったら皆やってることやさかい。しかし、アンタは潔癖症とちゃうの？　ワシら前から、アンタにだけは一目置いとったのや（ほんまかいな）。どうかこの矛盾を、アンタのその長年の見識と、その純真な心！でもって説明つけたってくれや、たのんまっせ、えべっさん、ほな、さいならー。

あれから三年、電話はケータイへ。

そのケータイに、なんと彼《か》のおばちゃんの息子から連絡があった。五十過ぎでまだ一人モンです。

「和尚はん、じつはウチのババァいやおふくろが、もうあきまへんのや、あしたあたりがヤマやと医者が言うもんで」

何、あしたがヤマ。かなわんなあ。年の瀬も押し迫った、のはかまへんけど、あしたはクリスマスイブやで。そんな大事な時に葬式なんかせえへん！　拙僧はクリスマスは忙しいんやでぇーと心の中でつぶやきながら、電話口におかれましては――

「アシタガヤマと言われてもだ、もし万一（ヤマというからには万一ではなかろうけど）のことがあっても、拙僧は、そうそう、ほ、本山へちょっと研修がありますもんで、え、それが済んでからと相なりますもんで」と。

「あ、そうですか、そんな大事な御用がおありでしたら仕方ございません。ウチのおふくろにはなんとか頑張ってもらいますけど、万一の時は日をずらしてでもお頼み申します」

いやマイッタ、こんな純朴な青年をだますなんて――と心の呵責に堪えながら、しかしここはクリスマスも大事と御身に言いきかせた次第であります。

エッなんで坊主のくせにクリスマスが大事やねん？

じつはやね、かつて風呂中（ふろなか）で言い寄ってきよった謎の輩のおっしゃることを、なるほどと思って、そんでいろいろ考えておったらですね――。

ナント！　今日拙僧以下その同類どもが、こうして生活が成り立っているのは（程度の大小はあるものの）、ナント！　じつはキリスト教が我が国に入ってきたお陰であると、判明致しましたのや。

ナニ！　つまり、アンタがめし食えているのは、キリスト教さんが頑張りはったお陰や言いたいのかい？

「イエス！」

迎春準備もすっかり整った、年末も押し迫ったある夜。

拙僧は、通夜の席上に居た。

彼《か》のおばちゃんの息子が沈痛な面持ちで座っていたので、意気に感じて話しかけてやった。

「本山の研修もとどこおりなく終了し、こよいの席に参上できたのが何よりですわ」

そうするとその息子が、やにわに言いよった。

「いやホンマ、よかったでんな、和尚はん、クリスマスにかからんと。おふくろも、か細い声で、そればっかし気にかけとりましたんや」

そうか、このおばちゃん、拙僧の正体をすべてお見通しやったんか。

そんならそうと言うてくれたらよかったのに。

そのうえでのあの寛大な心、あの優しいまなざし、その悠揚たる立ちい振る舞い、さらには拙僧に対する畏敬の姿。

今となっては往時が偲ばれ、流す涙を抑えるすべを持たぬ拙僧であった。

あんなおばちゃんでも、いやあれほどのおばちゃんでも、拙僧を仏道の先達と仰ぎたてまつっていただいたことに、仏道のプロとして感無量の気持ちでありまする。

かかるうえは、今は亡き大姉、ヨシはんの供養に関して、その一人息子からのご質問の数々に、拙僧は自らの英知を結集して、答えさせていただく所存であります。

ただしなんせ、突飛な返答ではありますが、世にはびこる珍説奇譚にあらず、これホンマの話。

「えっ！　葬式は、自分で出来たのかい?!」

と、慟哭が聞こえてきそうでありますが、ホンマのことを知ってもらって、そしてホンマの意味で、神仏に近づいていただきたい、との仏ごころでお話しさせていただきたく存じ申し上げる次第であります。

この真説を、我が愛しの大姉に手向《たむ》けること、これこそ何物にもまさる供養になることを意念致しまして、序章のオチとさせていただきます。

和尚はん、僕、
何にもわかりませんよってに、
よろしゅう
お願いいたします。

じつは、枕経《まくらきょう》とは、検査することやった

おふくろが死によったとき、和尚はん、すぐ駆けつけてくれはったですなぁ。どこでもそうらしいね、なんかそこにありがたい意味がありますねんやろね。教えていただいてよろしいでしょうか？

……。それはやね、坊さんも仕事やし、他《よそ》の宗教の坊さんに、先に行かれて葬式取られんようにと思うけど——他《よそ》に葬式取られたらアカン、深いわけがありますのや。

確かに坊さん、すぐ来まんなぁ。あれ、心の中では「まいど！」と言うてまんねんで。

しかし、そのフットワークには感心してまんねん。他のことに活かしたらええと、いつも思てんねんけど（もっとも阪神大震災の時の知恩院や西本願寺の救援隊のす早さは、すさまじかったなぁ）。

して、坊さん、故人に向かって一応しおらしく合掌しお勤め申し上げたのち、おもむろに口を開いて、さて営業活動と相成る次第である。

そう、ホンマはこの部分が目的なのですわ。

枕経って言うとるけど、正しくは検葬、というのや。そうや字のごとく、検査をしはるのや。エッ、一体何を検査するのやて？

時は江戸時代、その頃には、キリスト教が日本に入ってきて、しかも熱心な宣教師（仏教で言うたら布教師や）が、一般の人にもどんどん広めてまわっていましたのや。

ところがその頃のお上、つまり幕府は、キリスト教はキライやった。それもあって仏教、つまりお寺はんを庇護してたのや。せやからキリスト教を、一般の人が信仰することを厳しく（厳しくやで）禁じてましたのや。

しかし中には世間には内緒でキリスト教を信仰し、そして洗礼まで受ける人もいたのや。ホンマこれ命がけ、いわゆる隠れキリシタンですわ。

そこでやな、幕府は、家の中で死者が出ると、まっ先にお寺の坊さんがそこの家に行って、亡き人に対してすぐその場で、戒名（法名）を授けるようにしむけたのや。

こうやって、キリスト教で弔うことを回避して、キリスト教が拡張するのを食い止めましたのや。

もっともそれとは別に、早来迎ということもあるけど。

死者が出ると、阿弥陀如来がお供を引き連れて雲に乗って、その亡者の許《もと》にすぐやって来て、五色の糸を垂れ、亡者をその糸で引っ張って極楽へつれて行く、という考えがあって、それを現した来迎図というもんもあるのですわ。

別に、阿弥陀さん一行は、こっちから呼ばんでも、人が死んだら自動的に来はるようになっているのやし、偉い坊さんには、その姿が見えるらしいけど、一般の人には見えへんから、その様子を描いた屏風みたいなのがあって、人が死んだら、それを死んだ人の枕元に立てて、家の人がよく分かるようにしましたのや。

せや、ほんで検葬のことを、いつの間にか枕経、と言うようになったんですがな。

じつは、通夜とは、単に夜を明かすことですねん

通夜の時、親戚のおっさんが二十分ほど遅れて着きはった。玄関で和尚はんの姿見えたから和尚はんも多少遅れて今、着きはったのや、と思ったら、もう通夜済ませて帰りはるところやったーと、うかぬ顔して言うてはったわ。

通夜なんてワシら、もののついでで行くのや、だいたい通夜には坊さんは顔出さんのが本当なのや、通夜言うたら、夜が明けるまでのことですわ。

知り合いのお寺はんで、昭和初期の頃の住職の日誌が見つかったそうな。時代背景も分かって面白そうやから借りて読ませてもろたけど、ちょっとひっ

かかる所があったわ。

檀家の何某さんが亡くなって○日の○時に枕経、そして翌々日の○時に葬儀、と克明に書いてはるのやけど、そのあいだに○日○時に通夜に赴きし、というのがないんですわ。

そうか、それでか、昔はそうやったと聞いたことがあるわ、とふと思い出した。坊さんって、お通夜には顔出さんかったのや。

人が亡くなると、その遺骸を好物にする鬼神がおって、ちゃんと死体の番しとかんと、取って行きよる——と昔は信じられてたらしいわ（小泉八雲はんも知ってはる）。

その為に亡き人の枕元に、刃物なんか置いてた。

また、その鬼神は暗い所を好むから、枕元に灯をかかげて絶やさぬようにとか、あるいは来迎仏に亡者が分かるようにとかの理由で、夜が明けるまで、亡者の枕元に親族が順番によりそった。

鬼神が来ぬように、灯を絶やさぬようにしていたのや。

これがそもそも通夜ということですわ。

当然、灯の番するだけやから、坊さんなんか要らんわけですわ。

ただ朝まで、親族にしたって手もちぶたさやから、適当にご詠歌唄ったり、門番の小僧並みのお経唱えたりしてたんやけど。

そのうちご詠歌や、お経なんて唱えられる人がおらんようになったから、その分坊さんが来て、なんや適当にお経あげていくようになっただけなのですがな。

ということは、今でも信仰深い地域は、通夜には坊さんが来ない、という所があるのや。

今はたいてい、枕経から初七日まで、セット料金になっとるさかい、出んわけにもいかんわ。もっとも夜明けまで付き合ってられへんから、そりゃ七時半頃には帰りはるやろ。

しかも通夜に喪服着て来はる、そんな失礼な！　あたかも死ぬの待ってまして、着ていく服も前から用意してました、とばかりに。

それよりも、「びっくりしました、マサカ、でもあの方に一目早ぅ会いたいと思うて、家で皿洗ってた、このままの恰好で来てしまいました」

と、これが礼儀ですねん。

ま、よろこぶかどうかは、そのご家族の見識次第ではありますが――。

じつは、葬式とは、罪を帳消しにすることやった

なんやかんや言うても、さすがは和尚はんですな。おふくろの葬式の時、何やら、ありがたそうなパフォーマンスしてはったですな、みんな感心してはりましたわ、あんな和尚でも、やるときはやる。何か深い意味ですねんやろ、教えて頂いてもよろしいでしょうか。

……それより、ナニ、あんな和尚でも――、わっかりました。あのパフォーマンスの意味、言うたげますわ。聞いたら卒倒しまっせ！

そのパフォーマンスなんて、十分ほど時間があったら済みますのや、そうやから言うて、ワシらもお葬式呼ばれて、たった五分で下がってくるのも、なんや尻

こそばゆいけどな。

お葬式とか言うけど、あれは殆どが告別式なのや。会《お》うたこともない議員さんの弔電読んだり、部長はんが見えてるから、名前呼んでもらわんとアカンとか、焼香の順番がどうやとか、人が一人死んではること、全然頭にないんとちゃうかと思いますわ。

宗教的な儀礼としての葬儀式ゆうのは、坊さんが引導を渡しはることを主としているのや。

引導ってよく聞きはりまっしゃろ。時代劇で、刀振りかざした正義の味方の素浪人が、悪代官に向かって――そろそろ貴様に引導を渡す時がきた――というアレですわ。

この世との縁を断ち切る、ということですわ。

仏教は、如何に煩悩を断つかということの教えです、せやからこのように悪代官に対して言うてるのが、本来的ですのや。

比喩として引導と言うてるのは、時代劇の方やと思うてたやろ。ちがうねん、じつはお葬式の方やったんですわ。

それで、坊さんが棺おけの前に出て、亡き人に向かって、生前の数々の悪事

――ただし、ここで言う悪事とは、西成署へ出頭する悪事ということではなく、なんというか、宗教的尺度で言うところの悪事や、それを、断ち切る作法をしはるのである。

えっ、刀を振りかざして――ちがう。

火のついた、たいまつを振りかざしてや。火は、すべてを焼き尽くすのや――家が燃えたらかなわんけどな。煩悩を焼き尽くすのですわ。。

これは、お釈迦はんが亡くならはった時、火葬されはったから、その時の様子を再現してはるのや。また、中国の坊さんが、自分のお母さんの遺体を焼いた、その時の様子を現した、とも言いますけど。

どちらにせよ、これが宗教的な儀礼としての葬儀式や。

こんなことするのん、ほんの十分もあったら充分でっせ。

あとは延々と、順番がどうのこうの、あの人、顔見せはらへんとか、うちの専務の弔電、はっきりと読んでくれ、とか、そんなことが続くのですわ。

坊さんにしたら、とうに用は済んでるねんけど、いそいそ立ち去るわけにもいかず、座を持たす為、適当に何か唱えるとかして、サービス残業してまんねん。

残業の話はええけど――そんな火のついたもん、見たことないわ、て。

当たり前やがな。じっさいそんな所で、火つけてかざしたら火事いきまんがな。よく見てみなはれ、火の代わりに、たいまつの先に赤いテープ巻いてますやろ。それが火のつもりや。

え、そのたいまつすら見たことない？

ま、坊さんもいろいろやから、たいまつの代わりに菊の花とか、扇子とかで、まかなってはるわ。だいたい葬儀屋が、たいまつを用意しとらんのや。知らんのですわ。葬儀屋が。

※もっとも浄土真宗系においては、このような作法はありません。

この世から、あの世へ行く、ということは、煩悩の世から、煩悩を断ち切った(解脱《げだつ》した)、つまり悟りの世へ行く、ということでありますのや。

そこを諭すのが、引導を渡す、という。

人間ちゅうもんは勝手なもんや。煩悩のある世の中の方が、居心地がええらしい。そらそうや。酒はうまいし、ネエちゃんはキレイ！

せやから、引導を渡す時、坊さんは（本来は生きている人に向かってやけど)、死んでしもうた人に対して「この世の未練を断ち切りなさい！」と叱責しはるのや。それは同時に、その後ろに、かしこまって座っておる親族に対しても、亡くなった人に対して、未練を断ち切りなさい、と言ってはることでもあるのじゃよ。

あぁ、なんか悲しうなってきよった。

ただ仏教の教えの中にはなぁ、人間ちゅうもんは、生きながらにしてすでに成仏しておる、という考えのお寺はんもありますのや。

それやったら別段、今さらこの世からあの世へ渡さんでも、もうすでに渡ってはるわ、ということですわ。

せやから、引導の作法も、宗派によってさまざまですわ。

ナニ、もう悟りを開いてはる人がおる？

「そんな奴、おらんで！」

往生しまっせーとはこのことかいな。

どっちにしても、人の葬式に行った時は、和尚はんが祭壇の前で引導渡してはるのを見てやなぁー、ええもの見せてもろたわ、自分こそは生きながらにして、ちょっとでも引導を渡された先の世界（解脱の世界）に近づけたら――と思わなアカンと思いますわ。

そうしいや、その為に香典出してはるんですやろ。

最近は、夕方に行う通夜の方が、
葬式より参列者が多いわ。
それなら、通夜に坊さんが作法さえしたら
それで葬式が成立しますがな。
通夜葬という、それでええんとちゃう〜。

じつは、焼香とは、自分をカモフラージュすることですわ

参列者のお焼香のとき、ひとり近所のお姉ちゃんだけ、お焼香しはらんかったわ、あとで聞いたら、（オラ、いやわたくしは、きのうお風呂に入ってまいりましたので、焼香せんでもええのや！）と言ってましたわ、ヘンなお姉ちゃんやと思いまへんか、和尚はん。

オラって、どこのお姉ちゃん？　けどワシ、そのお姉ちゃん気に入ったわ、そのお姉ちゃん、この業界のこと、ようわかってはるやん。

お葬式の時にお焼香台の前でやね、香をくべて、そしていつまでも手を合わせて、その前に立ってる人おりますやろ、あれ困りまんねん。

お焼香が長引くと、お経も延ばさなアカンのですわ。

だいたいそういう人いうのは、お焼香の意味を誤解してはる人なんですわ。香をくべると煙がすうっとあがってゆきますやろ、そこに亡き人の霊が、煙と一緒に天に昇ってゆくんや、と思ってはるのや。

だいたいそんなことで、亡き人がすうっと極楽にそのまま言ってしまいはったらやね、その前に座ってる坊さんって、一体何しにここに来てはるのやろ？　てことになりますがな、業務妨害やがな。

中には、その煙にかざした手で、自分の腰さすってはるオバハンもいたりして――。

お焼香いうても、炭に香をくべるのは、線香をあげるのと同じことや。本来のお焼香を略したのが線香と思うたらよろしい。

ところで日本人いうのは、きれい好きやね。毎日お風呂に入りはるしね。

坊さんは昔は四と九のつく日しか、お風呂に入らんかったのや。

拙僧もこれを守っている、今でも（ただし、経済的理由による）。

しかも坊さんは作務というて、肉体労働もする。拙僧もしかりである（ただし、拙僧の場合は、生活費の足しに）。

当然身体が臭う。その為に坊さんは、お勤めする為に堂へ入ろうとする時、香をたいて煙がたちこめている香炉を、またいでから、中へ入るのである。

そうせんとやね、臭うて、観音さんの前には座れませんのや。なんせ観音さんは、べっぴんですから。

法事に参列する、ということは修行に参加することだ、と思っていただきたい——偉そうに言うてカンニンやで。

せやから本当は、お焼香は法要の場所に入る前に、またお勤めが始まった最初に、するのがよろしい。

そうして、身体の臭い、口臭やら、ワキの下の臭いやら、を香の匂いでもってカモフラージュするわけですわ。さらには、匂い(臭い匂い)で象徴されるところの悪行(アイツ臭いな、とか言うやろ)、それから煩悩などをかき消すのや。

早い話が、その香りで自分をかくす。つまり、仏様を騙すのや。エッ、大丈夫かい？　いや仏様ほどの人、騙されたふりをして受け入れてくれはるのですわ。仏様って、そんな人ですのや。

それやから、自分は全く潔白で、日々品行方正や、と思う人は別にお焼香しはる必要はないわけですのや。

それから、お焼香は何回するのが正しいの？　とよう聞かれるけど――。何回でもええやん。後の人のこと考えたら、心を込めて一回でもええし。ま、われわれプロにとっては、お焼香には戒香定香解脱香というて、皆さん方とはちょっと違う意味もあって、お勤めの間に三回するけれど、せやからプロ並みに、三回しはってもよろしいやん。

じつは、喪中とは、金縛りになることですわ

葬式出した家のおもてに、喪中と書いた紙貼《は》ってまっしゃろ。あれ貼っといたら、押売りや営業の人が来んでええわ、と言いはるから、僕も一枚もろて来て裏口にも貼ってまんねん。効果ありますわ。ずっと貼っといたろ。

そんなんいつまでも貼ってたら、福も逃げていきまっせ。泣きっ面に蜂や。

人間って勝手なもんやといつも思いますわ。
生まれてきた時は、めでとうて、死ぬる時は不幸やと。

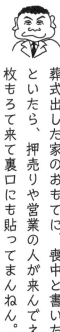

生まれてくるということは、必ず死ぬことやから、死ぬことが不幸や、というんやったら、不幸になる為に生まれてきた、ということになりますわ。ということは、生まれてきたことは、めでたはないということになりますわ。せやけどやっぱ、生まれてくるということは、めでたいのやから、死ぬことも、またあでたいということ。

近頃は葬式行っても、塩くれへんことが多いわ。死ぬということを忌むべきことではない、と新しく考えはるところが増えたんかも知れん。けど残念なこともあるのや。あの塩、粗塩でケッコウおいしいもんやった。ほんでよく赤飯にかけたもんやけど、このところあまりくれへんようになってしもうたわ。

喪の話でしたな。

漢字いうもんは、よくその成り立ちを辿ったら、その意味が分かる、て言いますやろ。

この喪という字、分析してみなはれ。

この字は亡という字と口二つ、哭くという字が併さって出来ているのや。よう見たら分かると思いますけど。人が亡くなって、そして哭く、や。

喪というのは、人が亡くなって口々に泣くという意味ですわ。せやから喪中というのは、人が亡くなって泣いている間ということになりますわ。

喪中やさかい、一年間神社に参れへん、て言うてた人おったけど、その人、一年中泣いてはるんやろか。

確かに昔は、泣き屋いうて、死んだ人の家からお金もろて、何日間も泣き続けてた人もおったけど。

このようにやね、喪いうのは、亡き人の為に泣いて（決して笑ろてへんで）、ということを示して、慎みながら、しばらく生活していくことですのや。

それがいつの間にか、喪がケガレということになってしもうた。

そうや、確かに神社の方では、死をケガレたもの、とする考えもあったわ。

せやけどみんなお葬式するの、たいていはお寺はんやろう。ケガレと関係ないやん。

ここでもやっぱ、大昔の、神さん時代のおもかげ、引きずってはるねんなぁ。

中にはまだ頑固に、ケガレと思ってはる人いるから、そんな人がいてはったら、そんな人が気にしはらんようにしたったらええんとちがいますやろか。神さん参りでも、天照さんのように気にしはる神さんもいてはるから、いずれにせよ、人でも神さんでも、相手のいることは、相手が気にしはらんようにしたらええと思いますわ。

けど、相手のいてはらへん、例えば家の中で正月に「おめでとうさん」と言うのはええんとちゃう。

喪中いうのは、外の人に対して、慎みながら生活しております、と示すことや。

えっ、どの親族まで喪中になるの、やて？

その人が死にはって、悲しいて泣いてはる人は、みんな喪中やがな。たとえその時だけでも。

中には、いつまでも慎んでおられへん人もいまっしゃろ。結婚式の仕事してはる人やったら、どうしまんねんな。

家族が亡くなったから言うて、四十九日間も休みはりまっか。それで休んで、亡くなった人がよろこびまっか？

むしろ、早よ仕事に行け、と。さぁ、泣いて慎んで、涙が乾いたら仕事に行きはったらよろしいやん。

つまりやなぁ、亡き人がどうしたら心おきなくあの世へ行ってくれはるか、それを慎みながら静かに考えるのが喪中ということですわ。

じつは、戒名とは、残された家族の為のものですねん

ダチ（友達）が、姓名判断のオバハンに〝お父さん、良い戒名もらってはるねえ〟と言われたそうなのや。和尚はん、おふくろはええ戒名なんですやろか？　ダチのお父っつあん、ナンオカ院て、ついてるそうなのや。

死んだ人の名前が占いで良いか悪いか、どっちでもよろしいがな。それよりナントカ院やて。えらいもの貰いはったなぁ。また坊さんの術中にはまってしもたなぁ。

中村さん、と呼ばれたら、ワシ「はい」と返事するわ。これ、当たり前やがな。せやけど、山本はん、と誰かが呼んでても、ワシ知らん顔してるで。これも当

たり前やがな。

ところが、その当たり前でないことが、我が日本国で長きにわたって、起こっているのである。

山本市太郎はんが亡くならはった。

死んでから、市太郎はんは、立派な戒名をもらいはった。

そこでや――その市太郎はんは、自分の戒名を知ってはるのやろうか？

知ってるわけないがな。死んでからもらいはったんやから。市太郎はん、本人が知りはれへん名前を、いくら呼んでも叫んでも、市太郎はん、自分の名前知りはらへんから、知らん顔してはるのとちゃうやろか？ という疑問。

一男はん、アンタは考えたことありますやろか。

戒名（法名）ちゅうもんは、生きてる時に、これからはお釈迦はんの教えを守り、煩悩を断ちます、と誓いをして、その証として、もらう名前なのですわ。

ホンマは、生きてる時に、そういう名前をもろうて（受戒）、その名前を励みにして日々生活してゆくのや――生きてる間に、どうしたらもらえるのか？ て。

それはそこらのお寺はんに聞いてみて――。

もし、生前に受戒などの機会に恵まれず、やむなく死んでからもらうのに、そんなにお金使うて、なにも○○院なんてつけんでもええのですわ。
○○院というのは号や。院号という。号やから、位を示すものではないのですわ。
ほんなら位を示すのはなんや、というと、信士とか居士や。

「ほう、居士か。立派な戒名や。お金出してでもええから、居士がええわ」

ちょっと待っておくれ。居士、が立派やと誰が言うたんですか。

居士という言葉の本当の意味は、家主ということです。

それに昔の日本では、大名やらが家臣とか使用人とかと自分を区別する為に居士とつけてもろたということですわ。

それでいつの間にか信士(信女)が下、その上が居士(大姉)となってしもうた。

けど、ホンマは、信士(信女)は、篤信者(信仰の篤い者)につける位とある。

それに対して居士は、仏教を学んだ者につけておりましたのや。

ま、どっちにしてもや、死んだ本人がその名前知らんのやから、なんにもならんわ。

そのテにのったらアカン、いちばん安いのにしときなはれ。

うっかり、坊さんのそのテにはまって院号とか居士とかつけたら、次の代にもつけなアカンようになりますわ。いくらお金あっても足らんわ。

戒名（法名）は、生きてる時にもらうものです（それも、ちゃんとお寺で、修養を積んでもらうものや）。

死んでからもらうのは、前にも言うたように、昔、ホンマ、隠れキリシタンではない、ということを証明する為のものやった。

なんやて、ウチは隠れキリシタンやあらへんやろ、その証明の為にもらうんや！て――。

ちなみに、浄土真宗系では一切、位を示す（位号）はつけずに、釈○○で統一しておるわ。また、これの方がスカッとしてええけどね。

ところで、これを読んだか読まぬか知らんけど、なかには、

「本人も知らんような名前もろてもしょうがないわ。うちの人、戒名なんか要らんわ。俗名のままでいくわ」

と、言う人がおられますのや。

さすがやて、先手を取ったか、と感心したいところやけど、それもちょっと待ちいな、や。

「別に信仰してたわけでもないし、宗教色なしで――」

それは一面、その方がスマートで、という考えもあるようやけど。

ここはひとつ、死んでからでも、戒名もろとかんと、実は――何代もあとの、将来のこと考えると、その家のご先祖はんが、戒名なしで俗名のままやったら、のちの人がその家をうかがって、信仰心のない人やってんな――とこうなるやん。故人の為には、ひとつこれは、後あとのことを考えて一応、もらっときはった方がええと思いますわ。

せやから長い戒名（法名）なんてないのや。あとはつけ足しやー――なんとか道といったものや。

せやけど、さっきも言いましたように、戒名は、生前お寺で修養してもらうものなんですわ。それが今は、あとに残った家族の為のものになってしもてますのや。でも、ここだけの話、宗派によっては、生前お寺で修養してもらいはったか、それとも単に死んでからもらいはったか、ちゃんと戒名の字見たら、区別がつくようになってますのや。

じつは、年忌とは、なんの根拠もないのですわ

葬式出した、ということは、これから先、○回忌とか言うて、ずっとお金要りますなぁ、アベノでミックスジュース飲んでも、僕の実収入全然上がらんし——、お寺はんは○回忌やーと言うし、僕らとお寺はんの間では、ずい分温度差がありまんねんなぁー。

アベノミクス（今世紀初頭の経済政策、と歴史に名を残す？）のしゃれかいな、それに温度差——一男はん、なかなかやりますなぁ、それはそうと、別に○回忌なんて、せんでもええのや、それより故人の供養には、もっと大事な日、おますのや。温度差縮めてあげますがな。

お寺てホンマ、やらしい所ですわ。

本堂へ入ったら、外陣の壁の上に、何やら短冊みたいなのが何枚も横並びにぶら下がってる。見たことありますやろ。

その短冊には一枚一枚、亡き人の戒名と、今年何回忌に当たると書かれておるのや。

そしてその法事をすると、その分をはずしていくのや。つまりやなぁ、法事をせえへんかったら、いつまでもその人の分だけ、そこにぶら下がったままや。それ恰好悪いで。

住職ちゅうのは、プライドの塊みたいな人種やから、家の人に直接よう言わんけれど、別の檀家の人がそのぶら下がってるのん見て、「アンタとこまだやってないの」とけしかけるのや。法要せな、しゃあないようになってくる。ウマイことしとるわ。ホンマ、やらしいわ。

だいたいやね、何回忌とか言うのん、なんの根拠もないのや。ほんならなんで、そんなことするようになったんか？　て。

時は江戸時代の話やけど、この頃は今みたいに、住民票とか戸籍とか、そんなもんはっきりしてなかったのや。ま、お互い近所同士よう知っとったから、別に必要やなかったんや。ホンマ、考えると近隣の単位で見たら平和な世の中やったんやろう。

キリスト教が密かに民衆の間に広がっていたことですわ。かつての真宗の一向一揆みたいなのもあって、宗教ちゅうのは怖い。と幕府も思うてたんやろ。せやから幕府は、キリスト教の信者には何とか制裁を加えようと考えとった。

その為、住民は、宗派なんかどうでもええから、とにかく住んでいる近くのお寺はんに「うちはキリスト教やあらへんで」と言うて、キリシタンではない、という証明をしてもろた。

しかし、証明を出す、と同時にそれは、この寺の檀家であります、という条件でもありましたのや。

お寺にしてみたら、いい飯の種や。そして、その名簿片手に、ジャンジャン、アポとって？　定期的にご先祖の法要を行うことをうながしましたのや。

幕府も、それを奨励したのやった。

そうこれが、何回忌とかいう法要の始まりやったのや。

とはいえ毎年のようにやったら、かえって負担になっていくさかい、適当に間を空ける、ここがミソや、やっぱウマイわ。

こんなことやさかい、してもせんでも別にどっちでもええんと違う——お寺の本堂にいつまでも短冊がぶら下がったままになってるの、気にさえせえへんかったらの話やけど。

ついでに言うとくけど、人が亡くなるとあと、七七日とか言うて祀りはる、中陰とか言うもんですけど、あれは一千年も昔からやってたみたいですわ。ただし、それかて、十王経というお経が根拠になってるんやけど、その十王経って、完全に中国で出来たお経ですわ。向こうの神さんの影響を受けて作りはったものですわ。「何で七日ごとの七回って？」初七日から始まって、七七日まで、七人の仏さんに仕事を割り当ててはるのですわ。うまいこと考えはったね。

そんなことより、ご先祖にとって、もっと大事な日がありますのや。

そのお婆ちゃんの一周忌以後、亡くなった月日。そうや、年に一度の祥月命日や。この日だけは、ちゃんと意に留めとかなアカンのですわ。

意に留める、やから何も坊さんに来てもらわなアカンこともない。自分でお経唱えたってもええし、好物を供えて手を合わせるだけでもええねん。忘れたらアカンということなんですわ。なんでか？

命日やから。

命日、命の日と書く。死んだのになんで命の日か。それは死ぬということは、極楽に生まれかわるということやから、生まれかわるやから、命日や。

ただ、アンタも――ワシもやけど、悟りを開いとらんから、生まれかわった日、というより、やっぱ死んだ日やね。

家族という一番血のつながりの濃い人がやね、死んだ日、その日が日月星辰のめぐりで年に一回やってくる。亡き人の年に一度の祥月命日は、その人にとって日月の運行の妙の中にある一点（三百六十五分の一）である。

その命日は、その人に縁のある宇宙空間の定点に戻ってきた、いわゆるふるさとである。

ゆえに、命日こそが亡き人と相通じる唯一の日である。

せや、この日はそれやから気をつけてくださいな。この日は血のつながりのある身内にとっては、なんやかや身近に変化の出る日やさかい、慎ましく過ごさなアカンのですわ。

この祥月命日に当たる日に坊さんに家へ来てもらうのは、この日は外へウロウロ出て行かん方が身の為や、ということですわ、早い話が――。

今や、何でもかんでもMADE IN CHINA
今どころか——、1200年前我が国に伝えられた
仏の教えもMADE IN CHINA

じつは、お盆とは、逆さに吊るすということですわ

毎年のことやけど、和尚はん、八月十五日になると、政治家の偉い先生方が何人か靖国神社にお参りしはる。そうかお盆やさかい戦死者の供養に行きはるのやね。やっぱ、お盆に亡き人の供養するのはどんな偉い人も同じやね。

偉いは偉いでも、エライ見当違いやね。せやけど考えたら、戦争終わった日がお盆とは、まさに地獄のフタが開いたということやね、意味は全然違うのやけど。

お盆て言うてるけど、ホンマは盂蘭盆と言いますのや。

これはあちゃらの言葉でウランバーナがなまったものですわ。ウランバートルちゃうで――そっちは、朝青龍がサッカーしとった所や。

ところでウランバーナ、つまり盂蘭盆という言葉の意味教えたりますわ。

それは、逆さに吊るす、という意味や。これがお盆の言葉の意味ですわ。

中学校の校庭で放課後、鉄棒に逆さにぶら下がってる奴おるやろ、あれ「ぼん」って言いまっしゃろ。

――それはどうでもええから、なんで逆さに吊るすのと先祖の供養がイコールなの、て。

難しい方程式や。二次方程式より難しいがな。せやけどワシ、これでも一応プロやから答えなアカンな。

昔、お釈迦はんの弟子の一人が修行して神通力を身につけはったのや。

それで神通力を使うてあの世へ行ってみたら、自分の母親が、首が細うて痩せて小さくなってはったのや。

その弟子、びっくりして帰ってきてお釈迦はんにそのこと話したら、お釈迦はんが、母親を救うにはどうしたらええのか教えてくれはった。

それは坊さんたちが春（彼岸）から修行しはって、七月十五日にそれが終わるのや。

その時に、たくさんの食べ物やら香りやら灯りやらを、坊さんたちに供養したら、その功徳を、あの世で苦しんでいる母親にふり向けてくれはる、と言うのや。

それでそのとおりしたら、お母さんの喉に食物も通り、元気になったということや。

苦しんでた母親の姿を、餓鬼という。

首が細うて、食物を食べようとしたら、それが火になってそして消えてしまうのや。

いつもひもじい思いをしてはったのや。

そんな苦しい姿を、逆さ吊りにされる、つまり地獄へ落とされる、と表現して、たまには自分の先祖が、あの世で苦しんではらへんか気にかけなアカンということですわ。

ま、苦しんではるかそうでないかは別にして、お坊さんにはいろいろと供養せなアカンのや、年に一回ぐらいは。

エッ――ワシが勝手にそう言うてるのと違うで、ちゃんと、『仏説「盂蘭盆経」』に書いてありますのや。

そして、その功徳でご先祖が（もし苦しんではったら）救われる、ということですわ。

みんなお盆て言うたら、先祖や亡き人の供養をすると思うてるけど、お盆言うたら、要するにお坊さんに供養するのですわ。

供養というのは字のごとく、供えて孝養を尽くすということですわ。

この日ばかりは坊さん抜きでは成り立たんのや。

そして供養された坊さんが「有難う」って言うて、その力で、先祖を助けてくれはる。日頃からワシら疎外されているのや。年に一回ぐらい輝く日があってもええがな。

ああそう、お盆になると、施餓鬼するって言うわな。

その通り、餓鬼に施すや。

餓鬼ゆうたら、あのお釈迦はんの弟子の母親の姿や。

なんでそんな姿になったのかと言うたら、その弟子（つまり自分の息子）にとってはいい母親やったけど、他の人に対して知らず知らずのうちに差別したり精神的に傷つけたり、我が子さえよければという身勝手さがあったのや、自分でも気がつかんうちに。

それで死んでから餓鬼の姿になってしもうたのや。

「ヒェー、それやったら、そんな人殆どとちがうやろか。みんな、自分で気ぃつけへんうちに、他の人を傷つけてるんちゃうやろか。大変や、うちの先祖もみんな、餓鬼になってるんやろか？」

せやから、餓鬼に施しをせんとアカンのですわ。

そうやから言うて、ふつうの人が直接、餓鬼に施しはできませんのや。

それで坊さんに、特別な呪文を唱えてもらわんとアカンのですわ。

なんや恐ろしなってきたなぁ。

そういうことは、ワシもみんなも、ひょっとしたら死んだら餓鬼に……。

おおコワ。

皆の衆、清く正しく、偏見なく仲よく生きていこうぞ。これがお釈迦はんの教えなり。

お盆は逆さ吊り、そうならんように、お釈迦はんの教えを守って生きていこう、と心がける日が、お盆でありますのや。

何回も言うけど、仏教は生きてはる人が、どう正しく生きるかという教えや。

お盆というのも、そのお釈迦はんの教えを守ろうと心に誓う日なのですのや。

じっは、お盆は、先祖供養はしないのや

そうでしたんかいな和尚はん、たまにはええこと言わはりますなぁ。けど僕ら毎年お盆にはご先祖はんが帰って来はるゆうて、軒下に位牌祀《まつ》って、坊さんに拝みに来てもろてた。生きてはる人に対する教えが、一体何でこうなりましたんやろ。和尚はん、カルチャーしていただいてよろしいでしょうか？

……またか。ワシら、帰って来はらんかったら仕事にならんがな。よう出来たストーリー、カルチャーさせていただいてよろしいでしょうか？

一男はんとこの向かいのオッサン、単身赴任で沖ノ鳥島へ行ってはるんやろ（ち

がうの？　どこやった？　とにかく遠い所やったな）。

年に一回ぐらいしか帰って来られへん所や。せやから休暇が近づくとウキウキしてはるやろと思うし、それまでにビジネスもちゃんと片づけとこ、と思うて一生懸命になってはる。

そして帰れる日がやって来た。

多分オッサン、空港へ向かうのに単身アパートから出たとたん、「あぁ、やっと地獄の釜が開いた」と歓喜に満ちた顔して叫びはると思いますわ。

多くの場合、それはお盆の頃やと思いますわ。

お盆やから、人が帰ってくる、のと違うて、暑うて仕事なんかやってられへんから帰ってくるのや。暑うなる前に仕事片づけといてや。

先祖が帰ってくるいうのを、単にオッサンが帰ってくるのと間違ごうてはるんちゃう？

お盆に先祖が帰ってくるって、ワシら聞いたことないですわ。

お盆の根拠は『仏説「盂蘭盆経」』というお経やと、さっき言いましたですやろ。

そのお経は、そんなこと一言も書いてないですわ。

そのお経には、坊さんたちが春（彼岸の頃）から修行しはって、気候のええ時期に修行に励みはって、暑うなった頃、七月十五日になったら、つらい修行から解放されて、そして信者さんたちから、おいしい物や楽しいことを供養（いただく）してもらうと書いてあるだけや。

あ、そうか、分かったわ、そういうことか！　つまり、つらい修行の間は、喩えて言うたら地獄や。

そしてそれから解放されるということは、地獄の釜が開いた、ということです。

さっきの単身赴任のオッサンと同じやわ。

それで先祖はんが、地獄の釜が開いてやね、一斉にとび出しはって、それぞれの家に帰って来はる。そやからお盆には、先祖はんや亡き人が帰って来はる、となったわけか。

うまいことダブらせたなぁ。誰が考えたんやろ。

ま、誰でもええけど、せやけど考えたら笑てられませんで。

地獄の釜から先祖が帰って来はるって、ほんならオタクの先祖はん、みんな地獄に居てはるの？　ということになりますわな。

そんなアホな！　でっしゃろ。

ま、そこは落ち着いて考えたら、さっき人間ちゅうもんは生きてる間に、自分でも知らんうちに他人に迷惑かけてるもんや、と言いましたわ。

せやから、ひょっとして——と考えといた方がええと思いますわ。

先祖はんはみんなええ人やけど、なかには気がつかんうちに何人かは、と考えといたらええと思います。

いわゆる、セーフティネットを張っとくわけなのですわ。

これで完璧や。帰って来はったら、好物食べさせたって、一杯飲ませたって。

それでええのや。お盆は何を供えてもええんや、年に一回のことですやん。

ところで、先祖が帰って来はるから軒下に位牌祀って、と言うてはったね、今はこんな光景少ななったけど、確かに以前は家の中の仏壇とちごうて、軒の下に祀って、そこへ坊さん拝みに来てはったわ。

なんでそんな所に祀ったと思いはりまっか？

え、先祖はんが餓鬼の姿になってはるから、家の中に入って来られへんて。そんなかわいそうな。

それにはふたつ理由がありますのや。

ひとつは、江戸時代にお役人が家々に回ってきて、位牌を見てキリシタンでないことを確かめたのや。

一軒一軒回るさかい、いちいち家の中へ入って来てる間（ま）がないから、おもての軒下へ位牌を出しておけ、ということやった。

もうひとつは、お盆の時は坊さんも忙しいさかい、家々を回って拝むのに、いちいちぞうり脱いで家の中迄入ってられへん、だから位牌をおもての軒下に出しといておくれやす、ということや。

役人も坊さんも同じ発想ですわ。

それで軒下に位牌を出してお祀りするのを棚飾りと言い、そこへ坊さんが拝みに来ることをお棚経回り、と言うのですわ。

なんや、うまいこと騙されてたみたいやと思てるんやろなぁ。

体はごついが心は繊細な一男はん、大丈夫か？　しっかりしいや。

せやけど、このような風物詩、なくなるのもなんや寂しいですわ。

暑い時に、夕暮れになったら軒下に何か供えてやって、寄ってくる小さな魂に供養してやるのも、ええのとちがう？　お盆は、小さな餓鬼に供養する風習なのです。

そんなことしたら、虫が湧いてくるかも知れんけど、やさしい心も沸いてくるのとちがいますやろか。

暦のうえでは秋。
さつまいもや梨やら、供え物がたくさんあるわ。
小さい高杯では間に合わん。
お盆や、お盆持って来い！
ほんまに、お盆が来た！

じつは、彼岸とは、バランス感覚を養うことですねん

お彼岸、みんなお寺へ行って先祖の供養しはるけど、僕、某三流私大の教養課程でちょっと勉強したんやけど、お彼岸ゆうたら春分や秋分の日、太陽が真西に沈む日ですやろ、そんな日と、先祖の供養と、どない関係ありますのん？　ちょっとアカデミックな質問ですんやけど。

今や偏差値よりいかに実践力を身につけるか、の時代ですがな。それで答えは、なんも関係ないわ。また、坊さんのテにはまってしもうてますなぁ。

お彼岸のこと、そんなに勉強したんやったら、般若心経ゆうお経ぐらい知って

はりますやろ。二百六十余文字の短いお経やけど、もともと般若経という長い長いお経の一部や、その長いお経の一番大事なところを要約したのが、般若経の心の部分、つまり般若心経ですわ。

そりゃありがたいお経やけど、このお経に書いておる意味お分かりになりますやろか。

知らんやろ、教えたげますわ。

それは「行こう行こうー」ですわ。

「……」

行こう行こうって言うてもな、トナリのオッサンが先週の夕方、人指しゆびで杯つくってワシに「行こうや行こうや」言うとんとわけが違うのや。

「ほな何処（どこ）へ行くねん」

向こうの岸へ行こう、と、そのお経は言うてるのや。

話はかわるけど——ようかわりまんな……。

聖徳太子はんが建てはった四天王寺さん、知ってはりまっしゃろ、大阪は天王寺の。

そこには石の鳥居が建ってますのや——なんでお寺に鳥居か？　やて——。

その場所は、極楽の東門に当たるので、浄域（いわゆる神域）との境界を示す鳥居が建っている。鳥居は、結界を示すものなのですわ。春分の日になるとやな、その石の鳥居の丁度、まん中にお日さんが沈んでゆくのが見えるのや、それが真西の方角なのや。

して聖徳太子はんの時代は、天王寺から西は今はビルが建ち並んでるけど、そこは海やったんや。

せやから海の彼方にお日さんが沈んでゆくのや。きれいやったやろな（フィリピンのマニラ湾顔負けやで）。

それでや、お経の中に、お日さんが沈む所には、悟りの世界があると書いてありますのや。

一面海の彼方にお日さんが沈んでゆくさかい、そこは、向こう岸やと思うわな。つまり彼《か》の岸＝彼岸や。つまり彼岸ゆうのは悟りの世界や。

せやから、その天王寺の海の見える岸、四天王寺のあたりで昔から、たくさんの坊さんやら信者やらが、沈むお日さんの方向いて、真っ直ぐ彼方、悟りの世界へ行けるよう、そこで修行してはったのや。いや今でもそうですわ。

せやけど坊さん、修行ばっかりしてても、一向に銭にならんがな。

そこでや――昔とった杵柄ですわ。

煩悩のない悟りの所、仏の国、それが死んだ人の行く所、にすりかえてしもたように、同じように煩悩のない悟りの所、つまり彼《ひ》の岸、を仏の国、死んだ人の行く所としたわけですわ。

ま、坊さんがしむけたか、信者がそう思い込んだかは分からんけど、いずれにせよ坊さんにとっては、これがホンマの、渡りに船や。

ほんで今日、お彼岸いうたら、お寺へ行ったり、お墓参りしたりして、ご先祖さんの供養をしてはるのですわ。

お寺はんも稼ぎ時や。

なんか一男はん、浮かぬ顔になってしもたわ。しゃあない、もひとつ、ええこと教えたりますわ。

彼岸いうたらいつのことです？

「そりゃ、春分の日と、秋分の日の頃ですやんか」

それは厳密にいうたら間違いですわ。

ふつう、彼岸、というたら春分の日の頃をいうのや。つまり春や、彼岸ゆうたら。

秋も彼岸には間違いないけど、それは秋彼岸というのや。秋の方は秋をつけるのですわ。

「え、なんで？」

またむずかしい話しますけど――。

お日さんが真東から出て真西に沈むことで、偏らない、お日さんと同じように真ん中の道（中道）を歩んで悟りの世界へと歩むのやけど、春と秋では違いますのや。

地球（北半球）から見た太陽の通り道は、春分も秋分も同じやけど、春分の方は、その日を境に高い角度の所を通るのや。

このことで、この春分を基準として太陽や他の星の位置を表しているのや（学術用語で春分点と言う）。

昔は天体の動きに従って行動してたから、この春分点を、つまり悟りへの修行の出発点としたのや。

春分の日、秋分の日をそれぞれ彼岸というて、修行に励むということでは同じでも、このことから、春分の日が、お彼岸の本家ということになります。

我が国の神代文字(カタカムナ)とされる文献の中にも春分の日を〝ヒノカツギ〟と表現してるらしいわ（お日さんの霊光が大和の葛城山にかかる吉なる日という

意味やと思う）。

秋の方も、同じようなお日さんの日やけれど、これもお寺はんの都合もあるやろ。

春の方は、正月から三ケ月、そろそろお寺にも足を運ばなアカンなど、信者は思うけど、秋の方は、先月、盆に参ったとこや、ということで、秋はどこも集まりが悪いらしいわ。いや秋はナシ、というとこも多いわ。

そんなことより、たまにはお日さんじっくり拝んで、お日さんの恵みに感謝するのも大事。

ほんまのこと言うたら、先祖の供養よりも、こっちの方が大事やわ、彼岸の過ごし方としては。

そうや、今どきのことや、そうしながら地球環境のことも考えなアカンのでは。

自分が生かされているということに思いを馳せ、自然の恵みに感謝し、この環境を末永く維持してゆこう、と考えるのが彼岸の過ごし方なのや、ホンマは。

真西に片寄らずに沈む太陽に思いを馳せながら、自らも偏らず（政治、人づきあい、食生活……）バランスを旨として生きてゆこうと過ごす日なのですわ。

じつは、正体不明のコーヒーブレイクになります

あぁ、こんな堅苦しい話ばっかりやと肩凝ってきましたわ。和尚はん、スタバのあったかいホットコーヒーなどいれまっさかい。

さよか。ほな、あったかいコーヒーをホットで一杯いただきまよか。せや、その間にちょっと為になる話、したげまひょか。

ワシらのような仕事しておると、常に死んだ人と対面するわけや。「なんや、為になるようなお話と違いまんのかいな、あんまり縁起のええ話でもおまへんみたいやな」

ま、ええから聞きいな。

先月のことや、虹の湯の割引券あったから、夕めし食ってから行ったのや。それしたらその割引券、前の日で有効期限切れとったんや。それでまともに入浴料払うてきたんやけど、なんや変な予感しよったんや。

岩風呂に浸かっていたら、空もえらい雲ってきよって、今にも雨が降り出しそうになってきよるし、これも何かの前兆やなぁ、と思ってたんや。

そそくさと上がって家に帰ってきた、まさにその時やったわ、ケータイがピロピロピロ鳴りよったのや。

「また、その話かいな」

電話に出たら、聞いたことのない葬儀屋で、それが言うことにゃ——若い夫婦が借金まみれになった揚げ句、心中しはったのや——と言うのや。

はじめての所や、場所聞いてそこへ向かって行ったがな。

秋の河内峠越えて、真っ暗な木々の間を通って、そのうち雨がしょぼしょぼ降り出してきよったわ。

なんや背筋冷とうなってきよったんや。

「そんな怖い話せんといてえな、それでそれからどないなりましたんや」

奈良県側へ少し下った所の集落の、そのはずれの一軒家やった。

もう夜も遅いけど、その家だけ灯りがポツンとついとったわ。

なんや、ぞくぞくっとしてきよったわ。

せやけどしゃあない、これも仕事やと思うて、その家の中へ入って行ったんや。

そして二階へ通されたんや。

かわいそうに、夫婦二人並んで寝てはったわ。

ワシ、さっそく手前の方に寝てはるお人から、枕経あげたろと思うて、枕元に座ってはる親族に、

「ほんならさっそくですけど、ご遺体を拝ませてもらいますわ」と言うたら、その親族の人がワシにすかさず、

「和尚、遺体は奥の方です」と言うがな。

もうワシびっくりしたわ。

ほな、今その手前に寝てはる人、一体なんやねん、と。

なんや変な雰囲気やったわ、生きた心地せえへんかったけど、とにかく奥の人の顔にかけてある白い布取って、顔見せてもろた。

きれいな奥さんやったわ、ねんごろにお経唱えてやりましたわ。

それから今度は手前に戻って、

「ほんなら、ここに寝てはるお人は、ご主人はんでございますか?」と聞いた。

「そうです。ここの主人です。このたびはかわいそうなことになってしまいまして」と言うのや。

そうか、そうやったんか、レディファーストやから奥さんの方から先にあげたってくれ——ということやったんか、とその親族の欧米型の心づかいに感心しながら、

「ほな、ご主人のご遺体を拝ませてもらいますわ」と言うたら、また親族がすかさず言うのや。

「それは遺体ではありません」

ワシもう、ぞーとして、それでも勇気ふりしぼって、その親族に聞いたんや。

「それやったら、ここに今寝てはる人、一体何ですねん」って。そしたら——。

「手前に寝ているのは、死体です」と。

なんやわけが分からんままにお経あげて、背中に氷背負ったような気持ちで、その家から出てきたのや。

家の外では、何があったのかまだ理解できてへんように親族の子どもらが無邪気に戯れとったわ。

そのうち男の子が小走りに家の中へと向かって行きよった。

「おしっこ、したい」

男の子が慌てたもんやから、玄関先にいた女の子がつき飛ばされて転んでしもた。

「足、いたい」

ワシその時、ハッと気がついた。

したい（死体）と、いたい（遺体）か。

そうか、そうやったんか、あの夫婦。

男は「したい」で、女は「いたい」か。

ふり向いて、夫婦の寝てはる二階の方に目をやると、そこには仲睦まじく生きてきた二人の人生の終焉《えん》を惜しむかのように、こうこうと灯りがともっていた。

心の底から冥福を祈ってやろう。本気で人を弔う気持ちになるなんて、何年振りやろう、と思いながら帰路についたワシやった。

どや、為になる話やったやろ。

「そんなことより和尚はん、なんやて、本気で弔う気持ち、何年振りかやて！」

じつは、合掌とは、降参することですわ

仏さんに手合わせてはる人の姿見て美しいな、と思いましたんや、それで僕も手合わせてたら、ナント妙齢の女の人が寄ってきて、「お話させていただいてよろしいでしょうか」やて。うれしかったけど、名刺見たら、生命保険のおばはんやったわ。

それでもよかったですがな、一男はん、女の人としゃべるの何年振りかですやろ。手を合わせる姿には美しく見える——特別な意味がありますのや。

若い頃の話やけど、暗くなってから天王寺の橋架下歩いてたら、ワルそうな兄

ちゃんの二人組が寄って来よって、

「ワシ、タバコ買いたいんやけど金落としてしもたんや。ちょっと三百円貸してくれや」

と言いよった。貸してくれ、と言うても返す筈がない、要するに金くれや、ということや。

その兄いの一人が、ズボンのポケットに手を入れて、何やらポケットの中をまさぐりよるのや、いや、まさぐるふりをしてるんやろう。

つまり——オレは、このポケットの中に光る物持ってるんや——と言いたげに。ホンマに持ってるかどうか分からんけど、そんなもん振り回されたら、かなわんがな。

して、三百円くれてやったわ。あんな連中、ポケットに手つっこんでごそごそされたらかなわんわ。

せやけど考えたら、昔はみんな刃物みたいなもん持ってたわ、自分の身守る為に。インドなんかでは、昔から人と挨拶する時は「ナマステ」と言って、手を合わせるんや。

手を合わせるのが相手に対する礼儀や。

それは——私は刃物や、あなたを傷つける道具は何も持っていません——ということを示しているのですねん。

それがインドからはじまって、東南アジアでもそうや。仏教の伝播と同じようにその習慣が流れ、そして我が国でも、いや我が国では、仏はんの前で、そのように手を合わせるようになりましたのや。

本当は、人と会った時にも、そうせんとアカンのに。あっそうそう、坊さんは皆そうしてるわ。考えたら、たいしたもんや。

仏はんの前で手を合わせることは転じて、

「私は、あなた様を信頼致します。あなた様のおっしゃるとおりに致します。何ひとつ抵抗致しません」

という誓いの姿でありますのや。

そんなことやから、妙齢のご婦人が、ワシに手を合わせてくれはったら、そりゃうれしいわ。そのお方がたとえ、ポケットに手をつっこんではったとしても、別に安心はしてますけど——。

大事なのは、お互いの信頼関係や。

よく無心に手を合わせる、と言いまっしゃろ。

手を合わせると、それ以上なんも考えんでもええ、ということですわ。

その姿だけで、仏はんはすべてを察しておられる、ということですがな。

あぁ、その時、余計なこと言わんでええ。

手を合わせながら、口ではナニ！「商売繁盛、無病息災、交通安全……」もし、それで病気でもしたら、どうするねん。合格でけへんかったら、どうするねん。

あんなに拝んだのに、頼んだのに……。仏はんに対して、心の刃物を振りかざすことになる。

せっかくの合掌が、台無しや。

合掌（手を合わせる）いうのは、人と仏、人と人の信頼関係をつくる為のものですのや。

特に人と人は大事や。相手がせんでも、自分から相手はんに手合わせてたら、絶対相手はんも変わってくれはりますのや。人間社会の争い事の、およそ七割、ワシの統計では七割二分は、これで解決しますのや。

手を合わせる、これこそ人生の妙法なりですわ。

じつは、数珠は、商売人の持ち物ですがな

親爺のさとの五十回忌の法事で実家に帰ったんやけど、僕の従弟が数珠を忘れてきたというのや。ええ年して法事に数珠忘れてアホちゃうか、と言うたったわ。数珠忘れたら供養にならへんのと違いまんのん？

別に、あってもなかってもどっちでもええがな。商売人やったら別やけど。

最近の子どもは電卓ばっかり使てて、あんまりそろばんってでけへんみたいやね。

ワシらの時は電卓みたいなもんあらへんから、そろばん（珠算）でけへんかっ

たら話にならんかったわ。もっともワシの場合は、そろばん裏返して、スケートしとったけれど。

そろばんの名手で昔、トニー谷いう人がおったんや言うたら、子どもら本気にしとったわ、何段の人やったんとか。

せやからしてますがな、数珠の話を。

もっともこのそろばん、裏返してもスケートにはならんわ。

せやけど腕にはめたら、ブレスレッドにはなりよるわ。

首にかけたら、ほら、ネックレスになりよるがな。

「何をバチ当たりなこと、数珠で遊んだらアカンがな、和尚はん」

せやけどこのそろばん、えらいこっちゃ。掛け算でけへんわ、引き算もでけへんわ、足し算しかでけへんわ。

「当たり前ですがな和尚はん、それ数珠ですがな」

うるさい兄い！

数珠とそろばんは同じや、とさっきから、のたもうてますのや。

みんな数珠て言うたら、エイッと言うてなんや不思議な力、宿ってくるもんやと思たり、魔除けのつもりで持ってたり、何か不思議な力あるもんやと思ってはるのん違いますやろか。

せやから葬式とか法事とかで、数珠忘れてしもた——と言うて青い顔してはる人、よういてはるわ。

早い話が、数珠言うたら、足し算専用のそろばんなのですわ。

数をかぞえる為のものですわ。

よう街中の交叉点で、自動車の通行量調べるのに、手の平に何か握りしめて、一台通る度にカチッとしてまっしゃろ。アレですわ。アレの先祖が、数珠ですがな。

平安時代やったら、密教が盛んで、呪文を一万回とか何万回とか唱えて修行してはったし、鎌倉時代からは、念仏何千編とか——京都に何万編っていう地名おますやろ、そこでは念仏何万編唱える修行してはったし、別の宗派では、お題目唱えはる。これらは坊さんの修行だけやのうて、一般の人でも、家で念仏やお題目や真言（呪文）を唱えてはるでっしゃろ（これらが普通の日本人の姿やけど）。

その為のものやから、いつの間にか普通世間一般の人も持つようになったのや。

せやから、別に修行する時に忘れたのやったら青い顔せなアカンけど、法事の時、参列するだけやったらどうでもええ。

とは言うものの、どうでもええことないのですわ。

やっぱり忘れんように持って行って——そのような心がまえで参列しております——ということを示す、もはや、その為の道具ですのや。

あ、せや参列で思い出したけど、ひとつだけ大事なこと言うときますわ。

よその法事やら行く時に、よく「御仏前」と表書きしてる人おりまっしゃろ。

あれ間違いですで。

亡き人が仏になる、というのはあくまでも比喩ですねん。

仏はんは仏はんや、阿弥陀はん大日はんお釈迦如来はん。

仏前って言うたら、それらの仏はんにお供えすることですわ。そこの家の仏壇に祀ってはる仏はんにお供えすることなのですわ。

もしそこの家の亡き人にお供えするのやったら、御香料（これで香を買って下さい）、御花料（これで花を買ってくださいい）と言うて、品物供える代わりに、故人の為になるようにお金で渡しますのや。

法事で御仏前持って行ったら、それとは別に故人に供えるお金を持っていかなアカンことになる。

こんなこと小笠原流の人でも知りはらへんのと違う——？

我々の業界でも、お寺の家族が亡くなりはった時、香典を持って行くけど、それ以外に付き合いによっては（そのお寺と関係の深い人なんかは）、別に「御本尊前（御仏前）」を持っていきはるわ。

参考になりましたやろか。ま、殆どの人は気づきはらへんと思うけど、あくまでも参考に、ですわ。

じつは、他人のふんどしでも、功徳がありましたのや

僕らみたいに非上場、三流小企業しかも末端の営業所勤務、しかも派遣。それでは有給取りにくいんですわ。それでお寺はんでのお経の指導の会に参加することもでけへんのですわ。いっそのこと、ＣＤのお経流したろかと思ってまんねん。功徳のないことは承知のうえでおます。

じつは、
それがおおありですねん。

ま、もっともテープのお経で済まされたら、ワシらの業界、成り立たんけどな。
仏はんの功徳をもらおうと思たら、いろんな方法がありますのや。

滝に打たれなアカンとか、何時間も座禅組んでなアカンとか、せやけどいちばん簡単なのは、念仏とお題目ですわ、なんせ唱えるだけで功徳もらえるんやさかい。そりゃ簡単でええわ。寒いことないし、痛いこともないし、苦しいこともあらへん。

そうや言うて、アンタ、念仏唱えてはる？

してへんやろ。現代人はこれやからアカンわ。いつでもどこでも、便所入っててもできるのに、せえへん。こんな世の中に一体誰がした。

せやけど、こんな世の中になることを、すでに八百年も昔に想定してはった人がおりましたのや。

それは誰や？　て、あの人やがな。あの偉い坊さんやがな。その当時に、すでに嫁はんもろてたあの坊さんですがな。

親鸞聖人という人ですがな。

恵信尼という、べっぴんな嫁はんがいてはったら、さぞかしご本人も、念仏唱えるどころやなかったんとちゃうやろか。

それでかどうか知らんけど、それで編み出したのが――聞法、という方法や。

読んで字のごとく、聞くということや。念仏を唱える時間がなかっても、いや唱える気持ちがなかっても、聞くだけで功徳がもらえる、ということや。

さらにこの方のお考えは、すさまじいのや。

何回も聞かんでも、いや聞こうとせんでも、たった一回の念仏を、どこかで聞いただけで功徳があるというのや。いや功徳というより、それだけで成仏できるとおっしゃいますねん。

考えてみいな、一生のうち一回ぐらい、どっかで念仏ぐらい聞いてますやろ、誰でも。

暴走族のアンちゃんでも聞いてるやろ。ドラマの中で、そうそう四谷怪談の中でも、長谷川一夫が唱えてたやん（えっ、古いでっか？）。

これでアンタも成仏間違いなしや。

してその親鸞という坊さん、あっちの方で忙殺されておりまして、そこでこのような都合のいいことをお考えなさった——ということではありまへんけど——ちゃんとお釈迦はん伝来の根拠があると言いはりますねん（無量寿経）。

念仏て言うたら、南無阿弥陀仏や。この南無の意味はあとで言うから、今は頭をからっぽにしてほしいわ。

念仏は、要するに「阿弥陀さん！」て呼びかけるわけですわな。どなたでも名前呼ばれたら、こっちの方を向いてくれはりますやろ、阿弥陀はんかて同じことですやろ。

総じて言うたら、永久に、どこにでも、図り知れないほどの明るさの光を、分け隔てなく、もたらしてくれる仏はん、ということですわ。そんな仏はんに、こっち向いてもろたら唱える数や、声の大きさや、真剣かどうかなんて全く関係なく、その功徳があふれて、連鎖的にそこに居合わせた人たちにもそれが及んでいく、ということなのです。

そしてそれは、他のお経や、それだけやのうて、他の宗教信じてはる人にまで、その功徳が広がっていく、ということなのですわ。――お経のテープやＣＤなんか、安いもんや。

なんやエライ難しい話になってしもうたけど、かんにんでっせ。

競馬新聞
お経

じつは、お墓と思ってたのが、お墓ではなかったぁ

そろそろ両親の墓を建てなアカンと思うて、チラシ見て展示場へ行ったら、係の人が妙に親切やった。なんでも今は墓建てるより、墓を仕舞う仕事の方が多いのや、と言うことやった。マ、それで展示見たけど、いろんな形の墓おますなぁ、自動車の形やら、ハートの形やら、迷いますわ、和尚！

好きなんにしたらよろしいがな。けど、お墓のつもりやったら、ちゃんと決まった形がありますのや。

ワシの友人が設計の仕事しとるのや。そいつの造った物が、あちらこちらに残

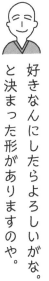

るんや。それに引き替え、坊主の仕事て一体何が残るのやろう（もっともワシらの仕事は、二千五百年も前の教えを後世に伝えるという壮大な！ことなんやけど——）。それにしてもホンマ、五重塔のひとつでも建ててみたいわ。

ナニ、建てれるものなら建ててみぃ——やと。

もう建てとるわ、いくつも。そうや、アンタらも建ててるのやで、五重塔を、それもいくつも——？

もともと昔は（江戸時代より前は）墓石なんかなかったのや。

亡き人を埋めた場所がよう分かるように目印のつもりで、その上に適当な石を置いたのや。石は重たいさかい、簡単に動かんから目印としてよかったのや。

ほいで亡き人の供養の為には、木の柱に名前を書いて（これを卒塔婆《そとば》という）、それを立てましたのや。

ただ木の柱では、いつかは朽ちるから（ウチの寺も木やさかい、そろそろやろ——寄付たのんます）、それやったら、この目印にしている石を木の柱（卒塔婆）のような形にして立てたら、丁度ええんとちがう——なんて昔の人はやっぱ偉かったんですわ。

それで、あぁいう風な和型の形やら五輪塔やらができよった。

石で造った塔婆や、それで石塔というではないか。

さて、ほんならその塔婆て一体なんや。

仏教ではやな、最も高い功徳のひとつに、仏塔を建てることとあるのや。そうあの五重塔とかいうやつ。

それでじゃな、亡き人が成仏するように、ひとつ故人の為に、その最高の功徳である五重塔を建てて、仏徳を手向けてやろう、と誰もが考えた。じゃがしかし、金がない、ワシもない。

それならしゃあないわ、見上げる塔は建てられへんけど、そこらへんにころがっている木片で、塔の形をした柱を造って、これでも塔は塔や、と言わんばかりに、そこへ戒名やら書いて供養したのですわ。それでもって、五重塔を建てたことにしたのや。せやからアンタらもワシもやけど、いくつも五重塔ぐらい建ててますのや。

それが石になりかわったのが、今のお墓なのですわ。

せやから、お墓を建てて亡き人の供養を致す、ということでするんやったら、お墓は縦長の和型やら五輪塔とか、あぁいう形のものに決まっておるのであります。

ま、最近はいろいろ個性的な形の石もあるけれど、埋まってからより、もっと生きてる時に個性出しときはったらええのに、と思いますわ。それらは記念碑として割り切った方がええと思うけど。

むずかしい言葉やけど、神仏の祀り方には、儀軌というものがあるのや。根拠のある、また先例にのっとった、決まった形のことや。

この儀軌にないものは、神仏は受け入れない、という考え方がありますのや。

余談やけど、さっきの目印としての石と、そこに立てる卒塔婆との話やけど、京都では立派な石塔が建っていても、その石には故人の名前なんか刻まずに、石塔の後ろに故人の名前を書いた卒塔婆を立てるようにしてはりますのや。

大昔からのお墓の祀り方の原型を保ってはるのや。

さすが、千年の都どすなぁ。

じつは、遺骨を拝むなんて、えらい不思議なこと

親元の墓参りに行ったとき、僕おかしなことに気がつきましたのや。それは、お墓参りの人、よう見たら、みんな石を拝んではるね。僕も今までそうしてたけど、考えたら、お骨は石の下にあるのにね。

なるほど、確かにそうや、ワシも気がつかんかったわ。せやけど、ホンマはそれでええのや。せやけど、ワシら、その遺骨、一生懸命拝んでも――。

先月のことやけど、白い服着たオッサンがピンポンと鳴らしよったので出たら、「シロアリの退治どないでっか?」やて。

するかせえへんか分からんのに、もう、する恰好して来よるがな、また考えときまっさ、て言うて追い返したったわ。

せやけど、考えたら、ここらでそろそろしとかんと、くずれてきよったら大変やさかい。

ワシャ、ここでしっかり生きてんのやから、寺もしっかり建っててもらわんとな。

せやから、こういうことなんですわ。

みんな竿石（和型の墓の上の縦長の石）に向かって手を合わせて、何やら語りかけてはる。ホンマやったら、石の下に向かって――ワシら元気にしてるで、見守っててや――というのやろうけど。

けどね、お骨に語りかけてもやね、すでにお骨が下の土と混ざって化学反応して、すでに有機物が完全に分解されてるかもしれん、いわゆる土に戻ってるかもしれんし、これが本来的なことやし、それに向かって語りかけても、しょうがおまへんやろ。

それよりもや、お墓言うたら五重塔と同じやさかい。

故人が還（かえ）ったその土の上に、しっかりと建っている五重塔。

それを支えているのは亡き故人であり、傾かずに真っすぐ建っている姿は、いわば亡き人そのものの姿である、ということですわ。

その姿に手を合わせ、ご先祖を感得し、そして感謝致す、ということや。

どうや、ワシかてたまにはええこと言いまっしゃろ。

せやからアンタらも、たまにはシロアリ退治してもろて、そこで生きてるのやさかい、家傾かんようにしとかんとアカンのとちゃう。

そうや、あの白い服のオッサン、なんや紹介キャンペーンのチラシ置いていきよったわ、もしヨカッたら——。

じつは、一男はんが、お墓参りの人見て変なことに気づいた、ということやけど、そのついでにと言うたらなんやけど、ワシもちょっと妙なことに気がついたのや。それは——、
DNAって言いますやろ、事件なんかで、その人のDNA鑑定するとかのあれ。人の情報を特定するもの。もちろん骨からも採れるけど、それは白骨や抜けた髪の毛からや。

最近は昔とちごうて、火葬場でかなりの高温で焼くので、多分焼(しょう)骨(こつ)からは、DNAはすでに飛んでしもてると考えられるわ。よほど若い人の太い骨の奥なら残ってるかもしれんけど。つまり焼骨は、本人の特定情報がすでに

なくなってる単なる残骸やろね。そんなん一生懸命拝んでも、しゃあないのと違うやろか。

それよりもっとええことワシ考えましたのや。そっと教えてさしあげますわ。生きてるうちに、抜けた髪の毛置いとくことですわ。毛根のついてるやつ。そこには確実にＤＮＡありますわ。それやったら、生きてるうちに自分の死んだあとの処遇も計画できますやろ、仲のええ夫婦やったら、それを集めといて一緒に包んで、お墓に埋めてもええし、好きな山があったら、そこへ持って行って埋めてきてもええし。

えっ一男はん、一人もんやからどうでもええて？

これから、ええ人できるかもしれんがな。今は恋愛感情より、お互いの歳の差関係なく経済論理でくっつく傾向あるさかいに――。えっ、その頃には髪の毛もなくなってるかもって。下の毛でもええがな、どこの毛でも、その人のＤＮＡですがな。

じつは、回向《えこう》とは、運転代行してもらうことですねん

アベノでミックスジュース飲んでたら、なんか甘すぎて、ぼゃーとしてきよったわ、なにか、そっとアルコールでも入れられて、判断能力をマヒさせられたんちゃうやろか、それで軽自動車運転して帰られへんから、運転代行してもろたわ、お金出ていくばっかりや。

いつもアベノでミックスジュース飲んで――それでアベノミクスにあやかる縁起担ぎですかいな。それに甘すぎて、ぼーと。なんか的確ですなあ。そんなことより、運転代行、いつもワシがやってあげますがな。

ところで一男はん、アンタの回向したるわ、て言うたら怒る？

「当たり前やがな、僕まだ生きてるんやで、見たら分かるやろ、お化けちゃうで」

ほんなら一男はん、ワシしばらく工事現場へ働きに行って、その日当を、一男はんの銀行口座へ振り込むよう親方に言うとくけど、どうする？

「えっホンマかいな、それホンマやったら嬉しいがな。けど和尚はん、なんでまた？　ひょっとして何か僕に下心でもあるんとちゃうの。僕、そっちのほうはあらへんで」

下心あるにはあるけど、それは来年のおじいさんの法事の際の、枚数のことや。

一男はん、結局回向してほしいんですがな。

回向も祈願も、その前に供養というのがありますのや。

供養というのは、仏はん、または仏はんの教えまたは仏はんの教えを伝える坊さん、そのそれぞれを、敬い、そしてその教えを信じて励み、そして食物や花や灯明を供えることや。

こりゃ、ご利益あるで――それほどにありがたいことなのや。

まずはワシに供養してや。スバリ、金や！　ほいならワシ、仏はんの前へ行って頭下げて、そして仏はんが説かはったお経唱え、そしてまた、仏はんに何回も頭下げるわ。

一男はんからお金（いや御布施）もろたさかい、少々つらくても我慢してしますわ。

そしてワシ、仏はんに、

「このつらい修行を、実際はワシがしたんやけど、御布施もろてるので、あの息子がした、とういことでどうですか」と。

そして今度は、

「今しがた、あの息子がしたことにしといたってや、と言うたけど、あの息子のじいさん去年死んだんやけど、その死んだじいさんがしたことにしといたってほしおまんねん」と。

かくして、この修行は晴れて、おじいさんがした、ということに相成ったわけや。そして、おじいさん、もしあの世で苦しんではったら、仏法僧に供養したことで楽にならはったのや。めでたし、めでたし。

これが回向ですわ。

つまり、お経を代わりに唱えてるのや、早い話が運転代行してるのと同じや。

それに、この代行業はこんだけ手続き踏まなアカンのですわ。

役所の保険年金課行って、高額医療費の還付請求の手続きする方がまだましや。

早い話が、自分のしたことを誰かがしたことにすることや（ひったくりは別やで）。

せやから、回向というのは応用がきくのや。死んだ人がしたことにするのも自由やけど、生きてる人の為に、その人がしたことにする、のも有りですわ。

例えば、合格祈願で親が子に代わって参るのも、言うなれば回向ということや。ところが祈願、というのは回向ではあらへんから、振り向けることはでけへんのや。

当然、祈願が本人その人の為のこととなるわけです。

せやから世間では、回向は死んだ人の供養の為となり、祈願は現世利益を頼む為のこととなってしもたわけですわ。

どっちにしても一男はん、結局は回向してほしいのやろ、工事現場の日当を。

「何言うてはりまんの、振り向けるのは、仏法僧に供養することと言うてはりますのやろ。工事現場でツルハシ振りかざしてることを振り向けてもろても、しょうがないやおまへんか」

何言うてはりまんねん。

労働こそすなわち仏法なり、ですがな。

じつは、御布施とは、預けるものですねん

今は、言いにくいことでも、メールで無機質に伝えたら済む時代やけど、きょうこそ僕、はっきり言わせてもらいますわ。和尚はん、御布施もろても、今まで一回も『ありがとうございます』って言いはったことありまへん。お礼言うのが当たり前でっしゃろ。みんな口に出しはらへんだけで、そう思ってはるんですんやで。なんでですねん。

無機質って、――一男はん、きょうは冴えてますなぁ。せやけど、はっきり答えさせてもらいますわ。坊さんは、御布施もろても、ありがとうございますって言うたらアカンんのですわ。

大阪の人やったら、布施、よう知ってはると思うわ、鶴橋から近鉄奈良線に乗りかえて、準急で一ツ目の駅や。

昔、ある大名が上野の寛永寺（いつの間にか話が東京に飛んどるから、追いついてや）の住職に、金一千両を御布施したのや。けど、その住職はん、それを受け取っても「あ、さよか！」の一言やった。

こんなに多額の金を御布施したのに、たいした礼も言わぬとは何事か！　と、大名は激怒しはったらしいわ。その時、住職、大名に向かって、

「貴殿が、仏様に財を差し上げ徳を積んだことで、仏様が貴殿に功徳を与えなさる。そのことで、なんで私が貴殿に礼を言わねばならぬのじゃ」と言われたそうな。

大名「おそれいりました」と。

御布施をする、ということはやな、仏はんに差し上げることじゃ。それはお金とは限らん、食べ物でもええし、飾りものでもええし、それだけやない、香り（つまり線香）でもええし、もっとあるのや、音楽を奏《かな》でるのでもええし、まだあるのや、笑顔でもええのや、全部御布施なのですわ。

お金と考えるから、生臭い話になってしまいますのや。

せやから、御布施をする、ということは、する本人がよいことをして、そして、

仏はんから徳をいただく、ということですのや。

アンタが徳をいただきはるのに、なんでワシらが、アンタに礼を言わなアカンのや、と言うことですわ。

とくにお金という御布施になると、確かに坊さんは、お金の包みを受け取りはしはるけど、それはそっくり仏はんにあげはるのや。ま、分かりやすく言うと、宗教法人に入るわけや。そして坊さんは、その宗教法人から、住職としての給料をもらいはるわけや。

ま、その包みが、たいそうふくらんでおったら、そりゃちょっとは頬ぺたも紅潮してきよるけどな。昨今のことや、税務署もうるさいさかい、なるべく顔には出さんようにしとるけど——。

え、ワシのことやあらへんで、K寺の和尚のことやがな。

※お寺は非課税ちゃうのかて？　住職はんの給料には、皆さんと同じように、しっかり所得税はかかっとります。

よって、坊さんが御布施を受け取った時に、

「ありがとうございます。まいど！」

と言うことはやなぁ、つまり、この御布施は、アンタの徳を積む為のものである、というのではあらへんで。ワシがそっくり自分にいただくものである、ということになる。

そんな坊さん、多分おらんと思うから、坊さんは、「ありがとうございます」って言わへんのや。ま、心の中では思てるかも知れんけど、口には出しはらへんのです。

その反面、笑顔、という御布施をもろた時は、たいがい「ありがとう」って、心の中でも思てはりますわ。

世の中まだまだ捨てたものやおまへん。

じつは、死者の供養は、神さんの仕事なんですわ

和尚はん、アンタ風呂（ふろ）中（なか）で誰かになんや言われましたんやろ。なんでお爺さん弔うのや、そんなんお釈迦はんの教えにあらへんでと。ホンマでっか？　せやけど和尚はんにしてもらわんと——どうなってまんのん。

しゃーないがな、誰かがせんと。

一男はん、八幡大菩薩って聞いたことあるやろ、けったいな名前の方や。八幡さんゆうたら神さんやがな。せやけど下は菩薩、ほら観音菩薩とか地蔵菩

薩とかいう、仏（如来）はんの許《もと》で働かはる、つまり仏教の人や。

ほな一体このお方、神さんか仏はんか？

一男はん、お伊勢さん参ったことあるやろ——天照大御神や。あの人じつは、大日如来はんなのやで——。日吉さんは、ほんまは釈迦如来——。

一男はん、大丈夫か、どないしてん——血圧もコレステロールも高い一男はん卒倒しはったけど、話し続けるわ。

一体、これはどういうことや（一男はんが卒倒したことを言ってるのではない）。神と仏が一緒になったこと、じつはこれは、近江商人？　いや、つまり三方よし。日本は大昔から神さんの国や（神の国言うて問題になった首相がおったけど、ワシは他意はあらへん、史実の話してるのや）。

そこへ、人の生き方を導く、すごい教えである仏教が入ってきた。

ホンマは、日本神話にも、人のあるべき姿や、生き方など、すごい教えが話の中にこもっているのや（例えば『因幡の白兎』の話なんか）。日本人は、日本人のDNAの中に、神話の中の教え、おさとし、はすでに持っているのや。せやからそれを特別に思想とか哲学とか言って論じなくてもええのですわ。

せやけどお釈迦はんの教えは、特別に深い教え、これはすげえ摂理や、と思うてエライ人たちがこぞって受け入れ、勉強し、そこに出てくる仏はんを祀っていったのや。

それでも初めのうちは、日本人は、拝んで救いを求めるのは神さん、生き方を勉強するのは仏はん、とすみ分けしとったんやけど、平安時代ぐらいになると、仏教の方もたくさん仏はんや菩薩はんが増えて、人々がご利益があるゆうて、拝み出しましたのや。

おもろないがな、神さんは。

それで神さんらは考えた――神は根っから日本におるのや、仏はんや菩薩はんは人々が拝まはる対象として仮の姿をしはったのや（アンタら、あんまり神さんの姿見たことおまへんやろ、せやから、よく姿の分かる仏教のお方が、神さんの仮の姿として現れはったのや――と言うたら分かりまっしゃろ。もっとも、のちの時代には仏教側の人が、これと反対のことを言いはったけど＝本地垂迹《すいじゃく》説、分からんかったらええわ）。

ほんで、神と仏が一緒になったのや。神仏習合や、聞いたことありますやろ。

ところでやなぁ、大昔、人が死んだら、まだ仏教がないから、それは神さんが弔うてたんやろ。天皇陛下見たら分かりますやろ。

死んだ人を、坊さんが弔うようになったんは、人々が仏教を勉強するものだけや、というのから、仏はんを拝んで「たのんます」と言うようになってからです。それでも、その「たのんまっせ」というて拝むのはなんの為や、それは国が繁栄しますように、という目的だけやった。

それがなんで、極楽へ行けますように「たのんまっせ」となったんや。

もともと日本人は死んだら、神の国へ行くのやった。

それがいわゆる、あの世や。そしてやな、そこへ行って、そして、よみがえるのです。

人が死んだら、あの世へ行って、そしてそこでよみがえる――これはもともと、神さんの専売特許なのですわ。

古来我が国には、天照はんの教えである、サキリの道というのがある（神霊が宿るとされた神代の言葉の文書《ホツマツタエ》によれば、のお話です）。

これは〝往来の法〟と言うて、この世と死後の世界とを行き来する話。

ところがやなぁ、一方、仏教では、成仏するという。

仏になる、とは意味が全然ちゃうのや。ほとけになる、ゆうのは煩悩を消す。つまり悟りを開く、ということですのや。生きてる間のことやがな。悩みをなくして、清く正しく生きる、という意味やがな。

お釈迦はんは、これを教えはったのや。生きてる間のことを、あれこれ教えはったのですわ。

せやけど、時代は、仏教の教えに馴じんできたし、人々はたくさん仏はん、菩薩はん拝まはるようになってきた。

そこでや――神さんは超越した人や、死んだら、そんな人になる――という日本古来の考えと、お釈迦はん、つまり仏はんも超越した人、両方とも、人々はこの超越した人たちを目ざすのやから――仏教を広めようとするエライ人たちが、神さんの教えの一番の専売特許であるところの、神の国に生まれかわるという、おいしいところを、仏の国に生まれかわって、仏となるというように考えたのです。

そうして、我が日本に仏教の教えを、ますます盛んに、そしてゆるぎないものにしようとしたのやった。

なんで日本人が、そのテにのった――。

お釈迦はんの教えは確かに、生きてる間の教えです。しかし、人は絶対に死ぬのです。せやから、死ぬ、ということを前提に生きてるのや、という考えがある。

そんでやな、死ぬことは別に怖いことやないのやで――という教えも説かはった。

それぐらいのこと、日本のエライ坊さんも当然知ってはる。

平安時代の恵心という坊さんが、そのことを詳しく書かはったのです。

それがまた流行《はや》ったのですわ。

いくら神の国へ行く、言うても、やっぱり死ぬのは、嫌やがな、誰でも。

そんなことがあってやな、我が日本の人たちも、死の怖さをゆるやかにしながら、そして、あの世に生まれかわる、ということにハマっていったのですわ。

そして今日、それが、ワシらの業務として定着しているのや。ありがたいことですわ。

あ、一男はん、目覚めたんか。話聞いてたんか？　全然聞いてない……もう二度と言えへんで――。

じつは、仏教には、先祖供養のマニュアルがないんですわ

そうでしたんか、仏教というのは死んだ人の為のものやと思てましたわ。生きている時の為、清く正しく生きるようにとの教えやったんやね。なんや人間柔らかなってきたみたいや。せやけど、大変や。もし僕死んだらどうなるんや。仏はんの前で弔うてくれはらへんのでっか。極楽へ行きとうおまんねん。和尚はん頼みまっせ。

よろしおま。アンタもワシにとっては大事なお得意（いや、信者）ですから、任せときなはれ、弔うてあげますがな。お釈迦はんの教え、ねじ曲げてでも……。

とは言ったものの難しいですがな。

さっき言うたように、亡き人の弔いというのは元来は、その民族の固有信仰の仕事なんや。せやから日本の国で言うたら、ホンマは神社はんの仕事ですわ。

日本人の死生観いうのはみんな日本神話に根拠があるのです。

お釈迦はんの国インドのガンジス川でみんな死んだ人弔うてはるけど、仏教の坊さん来てお経あげてはるの、見たことないですわ。

だいたい、仏教が日本に入ってくるまでにも（五三八年）、それまでにたくさんの日本人死んではるのやし、他の国でも、仏教が外来し、広まる以前にも、その国の人死んではるのやし、人間がその土地に住みついた時から、人が死んだ時の弔いの観念や作法が既にあったと思うわ。思うわ、て言うより当たり前の話や。

「ほな和尚はん、あしたから死んだ人弔うの止めまっか？」

と言われてもや、今までこれ一本で生きてきたのやさかい、お寺という宗教法人背負っとるし、他に駐車場でも貸しとったら連結決算でしのいでいけるやろうけど、うちは単体やし。

何度も言うように、はっきり言うて、仏の教えには死者を弔うという根拠はあらへんのや。それは神社はんの仕事や、と言うても、神社はんにM&Aされる前になんとかせんとアカン。さいわい神社はんは今のところ気づいてはらへんみたいやし。

ま、日本の皆さん、神社はんに弔うてもらうこと、すでにすっかり忘れてしもてはるみたいやし。

いや、安心してたらアカンのやった、強敵がいてたがな。ほれ、イエスはんや。じつはやなぁ、ホンマに言いにくいことやけど言わしてもらいますわ。

じつは殆どの日本人は、イエスはんの教えによって弔われてはったんや。死んだ人を弔う、その根拠は、神社はんからイエスはんへと受け継がれていたのや。お寺はんで、お坊はんが来て葬式あげたり、法事したりしてたけど、それはイエスはんの教えやったのや――。

食生活が偏って血圧もコレステロールも高い一男はん大丈夫か？　血圧計っとかんでもええか。この辺で止めとこか？

「こんなところで止めんといてえな。和尚はんもお人が悪いなぁ、どうせちゃんとオチがあるんやろ。はよ言うてえな」

よしわかった、頑張るで――。

仏はん（お釈迦はん）の教えいうのは、生きてはる人がいかに生きるかということを教えはって、そして煩悩のない解脱の境地を得る、ということですわ。

せやけど人間みな、仏はんの教えどおり生活して、生きてるうちに悟りを開かはるとは限らん。いやそうでもない人が殆どやろ、

殆どの人、というよりすべての人が、煩悩をもったまま、煩悩をもったままということは罪をもったままや。罪いうても、警察や検察の世話にならなアカン罪ということとやあらへん。

仏はんの教えのとおりに生きて来んかったんやから、この場合の罪は、仏の教えに背く、という罪ですのや。

なんやそんな罪か、て。

アホなこと言うたらアカン、この罪はつぐないきれへん罪ですのや。罰金払《はろ》たり、ちょっと塀の中入ったんやったら、それが済んだらおしまいやけど、この罪は、人間として生きてる限り、なかなか消えへん罪ですわ。

せやけど、死んだ時に和尚はんが来て、引導渡しはるやろ。

そうしたら罪が消えて、極楽へ行かしてもらえまんねん。その後も法事しはるやろ（年忌の根拠も言うたとおりやけど）。それもホンマに罪が消えたんか、煩悩が消えたんか、確認してはるわけや。

死んだ人を弔ういうのは、分かりやすく言うたら、その人の罪を除いてやる、ということですのや。

罪を除かれると、人は勝手に極楽へ行けますのや。しかし仏はんの教えには、死んで罪が除かれる、という教えはないのですわ。

じつはこれはイエスはんの考え方や。

死ぬ、ということの代わりに罪を消して、ええ所へ行ける、と言うのですわ。もっともこの教えかて、元を辿《たど》ればキリスト教を受け入れた国のもともとの民族信仰に由来するんやけど。

さっき極楽と出てきたね。いい所と言うたら、あちゃらのことでは天国やね。極楽と天国共通してるね。どっちも死んでから罪を帳消しにして行く、楽しい所や。考えたら、よう似とるわ。

お釈迦はんの教えが中国から日本へと伝わって来たのやけど、その前にインドの中でぐるぐる回ってから来ましたのや。

せやからインドの西の方にも伝わった。インドの西やから、西洋の方から伝わったイエスはんの教えが混ざってしもうたらしいのですわ。

神仏習合って話したことあるけど、これは切《キリ》仏習合や（切はキリスト教）。

もっともこんな言葉は無いから、学者はんに笑われんようにしておくれやす。

そして、その混じった仏教が日本に伝わってきた――と考えられるのです。

仏の教えが活きる為のものや、というのは変わらんけど、この混じった教えが、死ぬということを通して、今をよりよく生きる、といぅ教えに変わったのですわ。

これで、仏教で死んだ人を弔う、といぅ大義名分が立ったわ。あぁよかったわ。

いわゆる浄土教というのや、浄土宗とか真宗とかの元になった教えです。

せやけどそれ以外の宗派でも、座禅組んだり、滝に打たれたりしてても、それで悟りを開く人って多分おらんやろ。それで死んだら、同じように坊さんに引導渡してもらいはるのやから、死んだらこの切仏習合に世話にならなアカンのや、現実は。

ま、大事なことは、人間の罪って言うもんは、それほどに大きな根深いものやさかい、せめて、目につくような悪いことだけは極力せんように生きていこうということですわ。

ワシらかてその方が、あんまりキバらんでも引導渡せるさかい――省エネになるわ。

ここだけの話やけど、死んだ人の職業の中で、坊さんという職業の人が、引導渡す時に一番労力が要るらしいわ。

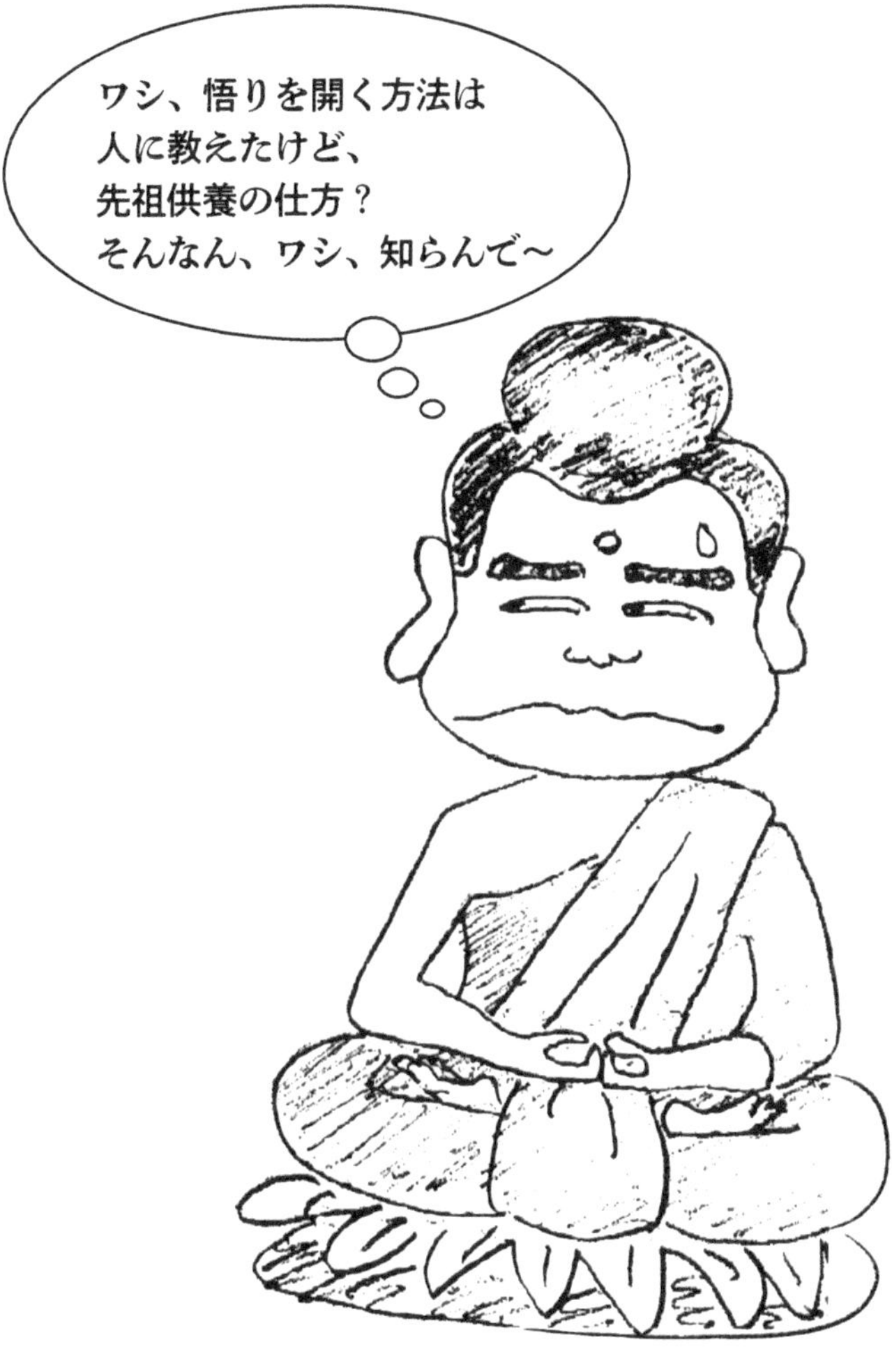
ワシ、悟りを開く方法は
人に教えたけど、
先祖供養の仕方？
そんなん、ワシ、知らんで~

じつは、日本人の殆どは、葬式する必要がないのですわ

和尚はん、僕ホンマに坊さんの言われることに何の疑問も挟むことなく、仏事いろいろやってきましたわ。これからは、それらの根拠をわきまえて自分なりに心を込めてやったらよろしおますんですな、——けど、やっぱ葬式だけは、特別なお力のある坊さんにお願いせなあきまへんのですやろな。

うーん、復習しましょか、おふくろさんの葬式のときのパフォーマンス、それと供養の意味のところで、何かピンと気がつきまへんか。

ドラマの一幕でこんなんありましたなぁ、夕刻どこかの原っぱで、女の人が一

人、別れた恋人からもらった手紙を燃やしている場面、ロマンティックですな。別にゴミ箱にまるめて捨ててもよかろうものを。いやそんなわけにはいかんのですやろ、今まですべてを彼にささげた私の人生は一体何だったの――手紙を燃やして、元の私に戻るの！　ぐっときますけど、もしそれが、一人の坊主が夕刻ひそかに、仏像を赤々と燃やしていたなら（気味悪いって）、じつはそれは、仏様に元の所に戻ってもらうということを行ってはるのですわ。

燃やす、という行為は元来戻すという意味がありますのや。そして、元に戻す、ということはすべてが解決する（清算する）ということなのですわ。

人は煩悩があるから苦しむ。そこで煩悩を燃やす。焼き尽くすとか言いますやろ。そうすると、元の清らかな姿に戻る。そうするとすべてが解き放たれて、いわゆる解脱（苦しみから放たれて悟りを得る）出来るわけですわ。

つまりそれが仏の国へ帰ってゆく、と言うことですわ。え、仏の国へ帰ってゆく、それって死ぬ、ということ？

「あ、そうでしたんか和尚はん。気がつきましたわ。あのおふくろの時の――」

思い出しはりましたか、あのパフォーマンスを。

人は死ぬことで罪が消える、と言いましたわな。もちろん死ぬと、それ以上何も悪いこと（善いことも）出来ませんわ——現実は。せやけど骸《むくろ》は昔からいろいろ悪いことをしよると考えられてきたわ。それで土葬なんか大変やった。それでやね、いろいろ燃やすマネをして燃やしたつもり、で済ませたわけや（お釈迦はんは、そんな大昔に実際燃やされはったのやけど）。以来、お釈迦はんを燃やしはったときのマネをずっとしてはったわけなんですわ。燃やしたつもりで、清らかな仏の国へ帰ってもらおうとしてはったわけですわ。

ところが現在はどうですねん、殆どの日本人、死んだらどうしてますねん、火葬してもらいますやろ、つまり燃やしてますんやろ、それやったらなにも燃やすマネってせんでもええんですがな。

葬式の儀礼は、燃やすマネをすることですわ、と言ったわな。マネは既にしなくてもええのやから、つまり葬式ってする必要ない、ということになりますがな。火葬するって言いますな、火で葬するのやから、他にナントカ葬って、何回もせんでもええのですわ。

話はかわりますねんけど、インドを見たら人間社会がよう分かると言いますやろ。

そこでひとつ、ガンジス川のほとりでも歩いてみまひょ。おっと狭い家並みの間を、男衆が何かを担いで通りぬけはったわ。そしてその担いでた布にくるまれた大きなものを、ガンジス川の川原のところで火をつけて燃やしてはりますわ。その燃やしてはる囲りには何かしんみりとした人間が何人もいてはる、何を燃やしてはるのって聞いたら、死んだ人を燃やしてはるのやがな。それでその傍の人に「ここに来る前に、どこで葬式あげはったんですか?」と訊いたら、「なに言うてはりまんねん（えっ大阪弁?）。ここでこうして火葬儀礼してますねんがな、なんで二回も葬儀せなあきまへんのや」ということでしたのや。

じつは、先祖供養は、自分で勝手にしたらええのですがな

せやけど和尚はん、こんなことばっかり言うてたら、さぞかし他の和尚さんからバッシングすごいのと違いますか。僕らには大助かりですけどね。ホンマ和尚はん、ありがとう、おおきに、サンキュウベリーマッチですわ。

そうですねん、金貪《むさ》ぼり坊さんと、ベリーマッチどころか、タイトルマッチやってますねん。それに勝つ為には一男はん、アンタの協力が要りますねん。悪いけど、先祖はんの供養ぐらい、自分でしてくれはりませんか。

一男はん、アンタも某私大出てるんやったら分かってると思うけど、水素と酸素で水が出来てるん知ってるやろ、これを小学生が実験しても同じことですやろ。つまり真実は誰がやっても同じや、と言いたいのですわ。

さっき運転代行の話しましたやろ、坊さんが代わってしてるって話やわ。

坊さんの仕事って何やと思いはります？

「そりゃ、お経読んで先祖の供養しはることですやろ」

「ちゃう」坊さんは正式には○○教とか○○宗の教師と言うのや、教師やから教えるのが仕事ですのや。何を教えるのですか？　って。

ひとつはお釈迦はんの教えたことを人に教える（伝える）のですわ。

「えっ、お説教してはる坊さん、見たことないわ」って。それはその坊さん本来の仕事してはれへんのですがな。

それともひとつは、お経の読み方を教えるということですわ。

「えっ、それもしてはれへん」って。

それやったらつまり、例えば自動車教習所で教官が生徒に、車の運転の仕方や、道路交通の法規を全然教えんと、それで今度その生徒が車を使ってどこか行くときに、教官がその人の車を運転して、あとで運転代行した料金をもらう、こんなものですがな。

ここはひとつ本来の坊さんの仕事してはるお人に、お釈迦はんの教えと、お経の読み方を習っときはった方がよろしおます。

「和尚はん、今までおふくろに、そうしてはりましたんでっしゃろか？」

「マ、してたわ、そりゃ忙しいて、せんときもあったかも――次いくで！」

「せやけど和尚はん、僕らみたいな三流…（もうそれはええ）、お経の読み方教えてもろても漢字はむずかしいし、とちりながらしか読まれへんですやろ、これじゃ親も浮かばれまへんやろ」「なに言うてるのや」

エイチ・ツー・オーの話や、真実なるものは誰の前でも真実なのや。お釈迦はんの教えは真実なのや、つまりそのお釈迦はんの教えを書いたお経も真実や。そしてそれは誰が読んでも同じですがな。

坊さんが読むと功徳があって、坊さん以外の人が読んでも功徳がない、そんなアホなことはないのや。ただ坊さんはこれが商売やさかい、スラスラとそして時にはメロディーつけたりして、いかにもありがたそうに読むだけや、パフォーマンスや。

仏壇屋へ行くと、せいぜい千円までで各宗派のお経の本が売ってますわ。そこにはフルコースでお経のプログラムが載ってますわ。その中に、ここで先祖の名前を読み上げてーとか書いてありますわ。

先祖供養いうのは心の持ちようでおますから、たとえ少々間違うても、ぎこちなくても、身内が一生懸命唱えるのが一番故人に伝わりますのや。お経は真実やから、坊さん唱えようがアンタが唱えようが功徳は全く同じですわ。一男はん、これからそうしたらよろしいがな。御布施助かりまっせ、ただし御布施は、お経の報酬ではなくお寺はんにあげるものやから、もし尊敬できるお寺はんが寺の修理なんかで困ってはったら、あげたってや。スバリ、ワシとこやね。

ワシは商売人の息子やけど、盆の命日には母親がお経あげてたわ、途中何回もつまったり、鍋の火止めに行ったりしながら。そや、そう言うたら坊さん一回だけ来たことあったけど、それだけやったわ。あとはずっと母親があげてたわ。それで小さな家買うたわ。

結局、先祖供養は自分でしたらええのですがなー、ノーマネーですわ。それにその方が、亡き人に最も近づくということですのや。

じつは、仏教とは、宗教ではないのかもしれんのですわ

……。

成果主義導入で反対に仕事の時間が長くなって、眠たいんやろなぁ。一男はん、今、昼寝中や。ウトウトしてはる、つまりノンレム睡眠中や。そうや、今のうちに大事な一言を、その潜在意識に注入しといたろ。

お釈迦はんが説きはった教えは七千巻ほどの経典になっております。
仏教とは、そんなに大部な哲学思想、そして生きていく指針なのです。

しかし、これ全部お釈迦はん一人が考えはったことやないのや。

いくらお釈迦はんでも、自分の生まれたインドの古来の神さんに少なからず影響も受けてはるのです。

じつを言うたら、お釈迦はんのもっと昔は、すでに七人の仏はんがいてはりました。いてはった、というより存在していた、の方が言葉としては重みがあるから訂正しますわ。

その七人の仏はんが、口を揃えて（つまり異口同音に）言いはった教えがありますのや。

お釈迦はんよりまだ昔やで。しかも七人もの仏はんが同じことを言うてはりますのや。

これはスゴイわ。

絶対的やわ。

そう思いまっしゃろ。

そのとおり、その一言が仏教の教えのルーツとなっていますのや。

いわば仏教の教えのふるさとということになりますわ。

お釈迦はんも、この七人の仏はんの教えというバックボーンがあったからこそ、すべてを捨てて心を決して悟りへの修行に励みはりましたのや。

仏教の教えの最も深い、真髄とも言うべき教えの言葉、つまり奥義や。それを今から言うからよく聞きなされ。短い言葉やから、そう、気持ちを集中して。

神秘的やで、何かぞくぞくしますやろ。

それは、「七仏通戒偈《しちぶつつうかいげ》」という短い偈文や。漢字の偈文やさかい、それを読み下して言うたげますわ。

よろしいか、言いますで、それは——。

「善いことをしよう、悪いことはしないでおこう」

「……」

以上です。

この一言が、深遠なる仏教の神髄なのや。いや、真髄であります。

ナニ、スカ喰ろた？　て。何が奥義やって。

当たり前のことやおまへんか、それが仏の教えの帰するところでっか？　やて。

しかしや、その当たり前のことを一体この世で何人の人間が実行してるのやろ。

この世の中で、その当たり前のことを当たり前のようにすることが、どれだけむずかしいことか、ですわ。

この言葉こそが、仏教の教えを凝縮したものなのですわ。

このことは、おそらくどの仏教学者はんも口を揃えて言うてはることや。

ま、参考までにここにしたためておきます。

「諸悪莫作　衆善奉行
　自浄其意　是諸仏教」

あ、それからもひとつ参考までに言うておきます。

その七人の仏はん、正体は北斗七星です。

「えっ、参考までにって、そんなに軽く言いはるけれど、仏教の、仏の教えって、つまりその、お星さま？」

かもね。

そんなことよりも、ワシちょっとだけ今から、本気出しますさかいに——今までも本気やったけど、ただ言葉が標準語になるだけや。

宗教の定義は、唯一絶対的なるものを存在せしめ、そのものがあらゆる価値観を超越した教えを発することである。さらにその存在とその教えを無条件に信じせしめ、信じた者はそのすべての身上を、その存在に委ねることである。

そこで、その絶対的存在は絶対であるから唯一であり、つまり神に代名される崇敬の対象は、唯一体、つまり一神でなければならないのであります。そして教えは、その存在（神）から発せられるということであります。

この定義からすると、仏教は宗教なのか、どうか？　と意見の分かれるところであります。「えっ、仏教が宗教かどうか？　……今さら――」

仏教には、ここで言うところの絶対的な存在、いわゆる神的な存在がおられます。如来と言います。アミダ、シャカ、ダイニチ、ヤクシ、ビルシャナ、他にアシュク……。どの方が唯一絶対なのか判釈《じゃく》がつきません。その他にも、如来の傍らで働く観音や地蔵さん、数多くの〇〇明王とか、如来であれ、菩薩や明王であれ、それぞれの人が、そのそれぞれの一体を熱心に拝んでおられる。全体として、絶対唯一の存在でないので、宗教とは言えないのかもしれません。しかも教えはすべてお釈迦はんが述べておられる、お釈迦はんは現実の人間であります。教えを垂れる存在も唯一絶対的存在でなければ宗教とは言えません。この唯一絶対というのは、早い話がこの宇宙を創造した存在とか、創成に関わった存在とか、人類を作ったとか、そういう超時空の存在である。それらは科学や因果律を超えて、無条件に信じるべきものというのが宗教であります。

仏教はそれに比べ、教えそのものも科学的であります。つまり、つじつまが合います。

あぁしんどかったわ。結論から言うわ、――仏教は宗教ではなかった、――そうかと言うて、単なる哲学でもないし、道徳でもないし――、仏教は〝悟り〟でありますのや。分かりやすく言うたら、〝本当のことに気づく〟ということなのですわ。宗教とか哲学とかと同じように「悟り」というジャンルなのです。ただし、仏教を宗教的雰囲気として自分の人生にとり入れることも大切ですのや。

それは、この本当のことに気づく、その方法を、自らの日常生活の基準において、すべてをその価値観の上で生きてゆく、絶対的な教えとして。そして、そのことを教えてくれはったお釈迦はんは、全人類全世界を既に見越した存在（気持ちの置きようによっては、宇宙の創成の存在）として、心の拠りどころとする。

それをアミダ様やダイニチ様に置きかえてもよろしいですがな。
その存在を信じて、よりよい生活を送る――。
どうや。
これが信仰というものですがな。

じつは、信仰とは、借りてるものを返すことでしたのや

和尚はんが言われたように、僕も信心せなアカン思うて秋に京都のお寺へお参りしたんや、そうしたら大勢の人来てはったんやけど、お堂の前で僕、〝南無阿弥陀仏〟言うてんのにその横で大きな声で別の人が〝南無妙法蓮華経〟と言いはるかと思たら、奥の人が〝南無観世音菩薩〟と唱えてはるんや、なんやわけが分からんようになったけど、ふと思たんや。〝南無〟なんとか皆言うてはるけど、これって拝む時の共通語かいな？

一体どういう意味なんやろか？　和尚はん知ってはる？

知らいでかいな！

一体今日までワシをなんやと思とったんや。

去年のクリスマスにワシ、まだひとりモンの友人に金貸したったんや。たいした金額やないねんけど、聞くところによると、つき合《お》うてるオバハンに長靴買うたるとか言うてたわ、よう分からん話やけど三ヵ月ほど貸したったんやけど、その男、いまだに返しよらへんのや。

その時はワシも、不二家のケーキ買う金ぐらいあって、つつがなくクリスマスは過ごせたけど、ワシかて財政再建中の身やし、これ以上不良債権増えたらかなわんわ。

借りたものを返す、これ人類共通のルールやと思う、ワシ何か間違ったこと言うとりまっか。借りたものは必ず返す、金、三波春夫のCD、貸し衣装の留袖、それに命もや。

ナニ、命を借りた、とおっしゃるか？

そうや、命も借りてますのや。

「……」

えっ、誰に借りてるねん？　っていう質問ないんかいな、ほなしゃあないな、言うわ。

仏はんから借りてますのや。

ワシだけちごうて、皆そうなのや。命というもんは仏はんからお借りしてるもんなのや。

せやから、この命も返さなアカンのや。

「死んだら返すことになるのとちゃうの？」

「ちゃう！」生きてる時に帰すのや。常日頃何かあるごとに、この命返すのです。

さて、南無、の意味やけど、南が無いからリーチでけへん——とは違うのです。

この漢字は当て字で、ナームというのが正しいのですわ。

ナームて言うたら、あちゃらの言葉で、頼むべきところに帰す（返す）という意味や。

頼むべきは仏はんのことやから、仏はんに返しますのや。

命を返す言うてもピンと来んやろ。どういう意味や分からんでっしゃろ。

命を返すんやから、自分が自分でなくなるということや。つまりは自我をなくすということや。これで分かりまっしゃろ。

それも仏はんと向き合う度に、返すのや。仏はんから借りてる命を一旦。

その時に、今向き合うてる仏はんの名を呼びながらです。

そのお方に一旦命を返します、というのです。

いやお方だけではあらへんで。信じてるお経に一旦命を返します、も有りや。手を合わせながらですわ。

何も抵抗致しません、どうぞこの命一旦召し取って下さいませと。

そこには仏はんとの間に何も取り引きはないのです。

何をお願いするのでもない、ましてや商売繁盛や合格や、さらに病気が治りますようにや、まして小指つき立ててウチの奴にバレませんようになど――もってのほか――いや、他人（ひと）さまのことは言えませんが……。

お願いすると、命返すところまでいきませんがな。この命が、ええ目するのやさかい、そんなもったいないことできますかいな。

しかも、お願いしたから言うて、今まで全部そのとおりになりましたやろか？ならん方が多かったんちゃいまっしゃろか？

「そんなええ思いすることなど頼んでまへん、ワテらご先祖はんの冥福を祈っとりまんねん」

いやそれもちゃう。ご先祖はんの冥福祈るのも、ええ目のうちや、つまりご利益を求めているのや。

ただ何も考えずに、仏はんに命をお返しします、いかようにでもして下さい、と思うて手を合わせるだけや、オンリー合掌や。

そうしたらどうなるのや――。

仏はんの考えてはることは、ふつうの人間の尺度では計られへんことなのです。

時として病気になることもありいの、不合格になることもありいの、破談になることもありいの、貸した金が戻って来ないことも……全部仏はんの高い次元からのお計らいなのや――ワシは金は返してほしいけど。

そして、そのような論を勉強せなアカンのですわ。

そして、勉強した内容を信じることなんですわ。

そして、それに応える為に、仏はんに供養する（お経読む）ことですわ。でもって再び、仏はんに命を返し、その計らいに従う。

これが信仰する、という本当の意味ですのや。

仏はんの計らいによって生きながら、生きてること、命を借りていることに感謝しながら、命を返してまた借りて、この繰り返し、これが信仰をしている、ということなのや。

こんな生活してたら、不満とか不平とか言うことないし、あらゆる不安ちゅうもんも、ふっ飛んでいきますわ。

そう、こうなることが信仰する理由なのですわ。これが仏はんを信仰する、ということですのや。

そしておのずと煩悩から覚めた、清く正しい生活ができるのですわ、ワシみたいに。

じつは、**無**とは「ない」ということでは おまへんでしたのや

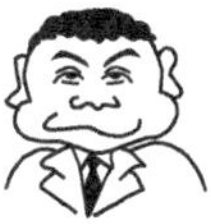

よう分かりました和尚はん、さすがですなぁー。和尚はんがいつも僕に『お前は無能やから！』と言ってはるので『この野郎！』と思ったこともおましたけど、納得ですわ。

ちょっと待ってえな、たしかにアンタは無能ってよく言うたけれど、それはちゃうねん。その無能の意味聞いておくれやしておくれやす。――アンタの無能呼ばわりの言いわけが、まさかの本文の結論になろうとは……。

じつは、ほかの人から「そうでしたんか、葬式は不要でしたんか」って質問さ

れましたんや、それで一男はんの無能の前に、無いについて話しとかなアカンと思いますのや。

もういっぺん、タイトル見ておくれやす。不要とは言うてへんのですわ。

無用ですわ。

一男はん、アンタのことを不能（意味が違うか？）とちごうて、無能と言うてるのや。

無能と言うたら、浄土宗の昔のエライお坊さんに無能上人という人がいてはった。

「えっ、偉いお坊さんになんという名前を――」

その無能上人という人は、すごく勉強された人でしかも祈る力もすごかった。それで能力この上ない。つまり彼より上に能力のある者はない、ということで無能となったのですわ。

考えてみたら普段でも、無量（この上ないほど重い、大きい）無上（この上ない）無限（限り無く広い、大きい）のように無が使われてますやろ。無は〝ない〟ではなくて、計ることの出来ないほどのもの、と言う意味になりますのや。この上は無し、ということですのや。この上ない、ということはつまり、それに対して既に諸々思慮詮索する必要には及ばない、ということですわ。

例えば、お経の中に出てくる無量。どれだけの量と考える、そんな通常の尺度をはるかに超えているということでありますのや。

そこでですわ、葬式無用ですわ。無用、ふつうに言うたら要らない、でありますねんけどここでは用いることこの上ない。つまりやね、通常の思慮や分別の尺度を超えるほどに大事を旨とせよ、ということになりますのや。

まず葬式は宗教儀礼やから、信仰ある人にとっては、この上なく大事な行いであるということですわ（信仰あるとは？——前述のとおり）。

一方、信仰のない人にとっては（おそらく殆どの人）、従来の葬儀式儀礼は、全く意義のない、全くの無駄でありますのや。それこそはっきり言うて不要でありますのや。さっきの話のように、あとで火葬するのやさかい、それで事足りてるのでありますわ（どうしても、セレモニーを行いたい方は、いわゆるお別れ会をなされたらええのですわ）。

ただし、ただしですね。信仰がない、ということは決して恥《は》ずかしいことではありませんのや。そもそも仏教自体が宗教なのか？　という議論があるぐらいですからね。信仰のない人でも沢山いい人いてはりますわ。信仰してても、価値観がとびきり狭く、人とうまくつき合えん人もいてはる。信仰というのは、あくまで、その人と神仏との縁のものでありますわ。

そこで信仰してはらへん人に言えることは、葬式ではなくてお別れ式にして、その際、しきたりや段取り、飾りや模様、接待礼節などなど一切無用、前例無用ということですねん。

つまり自分の思ったように、自分で創作した祀り方、セレモニーを執ったらええのんや、ということですねん（もちろん身内の人や故人の生前中に相談して）。このように百パーセント心こめた、お別れの仕様をすることが最上ということですねん。例えばやね、飾花なら仏事は黄白の菊を基調としてるけど、亡き人が赤いバラが好きやったら、それを飾ってあげたらええんですわ。

信仰のある人には、その信仰に従った儀軌（先達の神仏の歩んだとおり）に執り行うことが最上無用であり、信仰のない人には、世界にたった一人しかいなかった故人を、世界にたったひとつの方法で行うこと。いずれもこの上ないほど大事な、その人の人生最後の〝まつりごと〟でありますのや。

そうして、それぞれの人が形やのうて、それぞれの思いで命をつないでいく。そのことが大事なのや、ということですわ。

人類の死生文化ここに極まれり——と、ま、ワシ自負している次第だす。

自分でお経唱えて、自分の親を供養する。
これが和尚はんが理想とするイメージなんですやろ〜。

送仏《そうぶつ》の章

最後まで読んでおくれやす。最後まで読んでもらわんと、この話収まりがつかんさかい。

まず、ここから人称を元に戻しましょ。

ワシから拙僧に。

して拙僧の既刊『渡る世間に縁起宇宙説』（エンタイトル出版）の中で、宇宙の営みのすべてが、終結から始まっている、とある。

物事はすべて、終わりが先にあり、そして始まりへと向かっている。

そして一方では、宇宙の様相のすべてが同時進行している――とある。

ナニ、なんのことかさっぱり分からん、て。

当たり前ですがな、こんなことすぐ分かってもろたら、こっちも拍子抜けしますがな。

ま、詳しい話はまたの機会にして――。

例えばやね、人生ひとつを考えてみたら、よう分かりますねん。人は生まれると同時に、死というものにすでに向かっておりますのや。人生の目標は、人生の終焉（えん）にある、ということですわ。人生言うのは、死ぬ、ということを前提にして、生活を構築していっている、ということになりますのや。

いや、それがホンマの生き方ということですわ。

これまで仏の教えというのは、いかに生きるか、を示されたと言うてきたけど、それを言いかえたら、いかに死ぬかということになりますのや。

死、というもんは人生の中で絶対的に確約された、たったひとつの事実や。生まれた時から、これだけは約束されているのや。

結婚するか、就職するか、病気するか、そんなこと本人が思てても、どうなるか分からんけど、死というものだけは――。

仏はんの教えは、煩悩を断ち、悟りを開く、これすべてが死ぬ為のものや。生きてゆく為の教えが、同時に死ぬ為の教えでもありましたのや。

ただ肝心なのは、仏はんの教えは、死ぬ為と言うても、死ぬという事実そのものまでのことなのですわ。

死んだ、という案件は含まれへんのですわ。早い話が、死んだら、その瞬間、すべてが終わり、ということですのや。

冷たいようやけど、これがホンマの生き方や、よりよい人生を歩む為です。生きてる時に好き勝手して、人に迷惑かけてても、死んだら極楽という楽園に行ける、と思う方がおかしいのですわ。

たった一度の人生やおまへんか。生まれてきた、という〝不幸〟を、幸せに死んでいく為に、自分の始末は自分でつけようやありませんか。

ワシ、いや拙僧はそう思うのでありますのや。

しかるに昨今、我が人類は、死んだ後のことまで越境して考えてはりますのや。ま、死んでおしまい、ではあまりにも人情もないと思いもせんでもないけど。拙僧だけやのうて、昔から物事を人情的に思う人がおったんやなぁ。せやから仏はんの教えも、時代のニーズに応えるようになったんやろうと思います。

仏はんの教えが中国へ行って、そこから日本に来る間に、死の瞬間までのおさとしが、死の瞬間までよりよく生きる為に、仮の教えとして、死の後の世界をおさとしはる教えが出来て、それがいつの間にか、死んだ後の世界そのものになってしもうた。

例えば地獄の絵見せて、死んだらこんな所へ行かなアカンようになるから、今やってる悪いことはやめなさい、と言って教えたのが、いつの間にか、悪いことしたら死んだ後には、こんな所へ行くことになるんでヨ、となってきたわけですわ。

極楽の絵だって、正しく生きてたら、こんなええとこ行けるで、と言うて仏はんの教えを守って正しく生きましょうと言うてたのが、病気で苦しんではるお人に、死ぬのは怖いことではあらへん、たとえ死んでも、こんなええとこへ行けますねんで、と言うて、その苦しみを和らげたのですわ。

死んだ後の世界を教えるようになってきたということですわ。せやから堅いことは抜きにして、死はその瞬間から後にずっと続くと考えたらええわけですわ。

人生はたかが八十年、いや九十年。いや、百歳まで生きた人がおりましても、百年なんて短い短い。

その人が死んだら、その人が死んだ、という事実は、それから先永遠に続くのや、永遠にですよ。

ヘェー、そう考えると、やっぱり先祖の供養というものも大事なことやなぁーと皆さんが思ってくれはったら――拙僧の勝ち、ですわ。もっとも勝っても、供養ぐらい自分でやりなはれ、と言うてしもたから、収入には結びつきまへんけれど。

えっ、なんや知らんけど、あの世から声がしよるわ、ちょっと聞いてみたろ。

「あ、ヨシはんかいな、ごぶさたしてます、お元気でっか？」

「ワテ死んでるのやさかい、元気も何もおまへんやろ和尚はん。それよりワテ今、和尚はんが、我が一人息子、今一人暮らしの一男に教えてくれはった仏事の一々のルーツ、思い返してまんねんけど、よう考えたら、ものの始まりていうもんはどれもこれも、たわいないもんですなぁ。和尚はん、そんなこと言うから、ウチの息子がウチの法事をちゃんとしてくれているのか心配や」

拙僧が一時（いっとき）アンタたちに、いろいろ話をしたんは、日頃からアンタらが葬式はじめ仏事のことを気にし、そして不安になったり、さらにお金もたくさん使うてしてるさかい、あんまり気にせんでええで、あんまりお金も使わんでええで――と言いたかったからなんですのや。

ヨシはん、そういうことや、分かってくれはったか？

ま、こんな話、人とコーヒーでも飲みながら言うてやったら、

「アンタ、ようもの知ってるやん」

てなるやろうし。

え、あの世に喫茶店おまへんのや――て。

大変失礼致しました。いや、喫茶店のことやのうて、今の話、じつは生きてはる人に言うとかなアカンことなのや。

月々わずかの収入で生計を立ててはる兄ちゃんが、ご先祖の為、仏様の為というて、我が身を削る思いで、お供えを包みはるのや。

この兄ちゃん、信仰深い人やから、自分でお経あげはった方が、よほどご先祖はんの供養、仏はんの供養になりますわ。

ヨシはん、アンアの息子はんのことなんやで。ええ息子もって、ホント、アンタ、幸せですがな。これがほんまの極楽や。

それでは皆さん、これをもって、たぐい稀なる〝真説日本精神文化論〟の一巻のおわりとさせていただく。

あとがき

当書は、拙著既刊『葬式無用と言う和尚 ―先祖供養四百年の大誤解―』に加筆、訂正したものです。さらにこれまでの話はすべて、比較考証的であるということを断っておきます。

むずかしい顔をした学者さんや名刹のご住職方には立場上、見過ごせない部分もあるでしょうが、当書の意図するところは了解していただけると思っています。

この世の中には、いろんな誤解があり、そのため、本来的なことが忘れ去られていると観じています。

この国に、本当の意味で、仏教の信仰者が増えること、願うや切。

著者　**中村 カンギョウ（寛行）**

昭和27年生まれ、滋賀県出身。
浄土宗入信寺（大阪）住職。
天文堂（滋賀）堂主。
江戸後期の梵暦学僧・円通に傾倒、須弥山説を継承する。
ラジオ大阪『中村寛行和尚の大丈夫だぁ』（～2014）パーソナリティ。

〈著書〉
『葬式無用と言う和尚　— 先祖供養四百年の大誤解 —』（東洋出版）
※当書は、上記書籍に加筆訂正を加え、新たに編集したものです。
『天文的に生きる』（彩図社）
『渡る世間に縁起宇宙説』（エンタイトル出版）　他

イラスト（和尚は除く）／赤木
デザイン／ぼっけ門 門内浩幸

ホンマでっか？ **仏事の誤解** —ナニワ和尚の葬式問答—

2021年4月12日　第1刷発行

発売所　鈴木出版株式会社
〒101-0051　東京都千代田区神田神保町 2-3-1　岩波書店アネックスビル 5F
TEL:03-6272-8003　FAX:03-6272-8016

著　者　中村カンギョウ
編集協力　藤岡敬三（株式会社 虎丸）
発行人　手束 仁（株式会社ジャスト・プランニング）
発行所　株式会社ジャスト・プランニング
〒103-0001　東京都中央区日本橋小伝馬町16-8 共同ビル4F
Tel 03(5614)0508　Fax 03(5614)0502
http://www.just-pl.com/
印刷所　株式会社ウイル・コーポレーション

ISBN978-4-7902-1128-0 C0095